欧阳文忠公

选自《古先君臣图鉴》。明,潘峦编绘,万历十二年(1584)益藩阴刻本。欧阳修,字永叔,号醉翁、六一居士,谥文忠。吉州庐陵(今属江西省永丰县)人。

十一世纪的新儒家

OU-YANG HSIU
An Eleventh-Century Neo-Confucianist
JAMES T. C. LIU

刘子健 著

刘云军 李思 王金焕 译

Ou-yang Hsiu: An Eleventh-Century Neo-Confucianist, by James T.C. Liu, published in English by Stanford University Press.
Copyright © 1967 by the Board of Trustees of the Leland Stanford Junior University. All rights reserved. This translation is published by arrangement with Stanford University Press, www.sup.org.

版贸核渝字（2020）第017号

图书在版编目（CIP）数据

欧阳修：十一世纪的新儒家 / 刘子健著；刘云军，李思，王金焕译著. —重庆：重庆出版社，2022.4
书名原文：OU-YANG HSIU: An Eleventh-Century Neo-Confucianist
ISBN 978-7-229-16647-2

Ⅰ.①欧… Ⅱ.①刘…②刘…③李…④王… Ⅲ.①欧阳修（1007-1072）—人物研究 Ⅳ.①K825.6

中国版本图书馆CIP数据核字（2022）第038443号

欧阳修：十一世纪的新儒家

刘子健　著　刘云军　李思　王金焕　译

出　　品：华章同人
出版监制：徐宪江　秦　琥
责任编辑：徐宪江
特约编辑：马巧玲
营销编辑：史青苗　刘晓艳
责任印制：梁善池
书籍设计：潘振宇　774038217@qq.com

重庆出版集团
重庆出版社　出版

（重庆市南岸区南滨路162号1幢）
北京华联印刷有限公司　印刷
重庆出版集团图书发行有限公司　发行
邮购电话：010-85869375
全国新华书店经销

开本：787mm×1092mm　1/32　印张：8.375　字数：140千
2022年5月第1版　2024年5月第2次印刷
定价：58.00元

如有印装质量问题，请致电023-61520678
版权所有，侵权必究

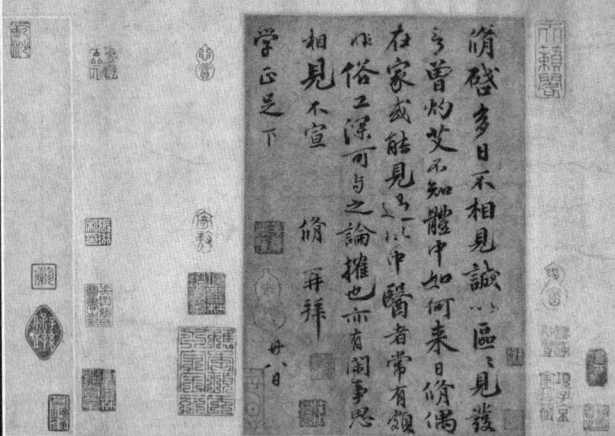

欧阳修行楷书《灼艾帖》卷
北宋欧阳修书，纸本，册页。

PREFACE

前言

刘子健

普林斯顿大学

无论从中国历史的角度来看，还是以历史比较研究的眼光来衡量，宋朝都是一个饶有趣味的历史王朝。在宋朝，古老的儒家文化遗产得以发展演变，广泛渗透至中国社会内部，并以这种组织形式，又传承了一千年。对生活在官僚体制下的现代人来说，宋朝具有特殊的历史意义，它是历史上最早任用非贵族出身的文官来管理社会的中央集权国家。本书将呈现宋朝杰出文官队伍的文化及其政治生活。

从严格意义上来讲，本书并非新作。实际上，本书是我在1963年于香港出版的《欧阳修的治学与从政》一书的英文缩写版，当然我又做了一些细微的修改，希望对全书有所改进。撰写《欧阳修的治学与从政》的初衷是希望能为对宋朝、新儒学（neo-Confucianism）以及欧阳修感兴趣的祖国学者聊尽绵薄之力。英文版的《欧阳修》是出于同样愿望为西方学界所写。

特别感谢柏林根基金会（Bollingen Foundation）为我在匹兹堡大学时的工作给予经费支持；感谢斯坦福大学东亚研究委员会（East Asian Studies Committee of Stanford University）给予的暑期经费支持，以上这些经费使我的研究得以继续。我还要感谢亚洲研究协会中国思想委员会在1954至1959年间举办的三次会议，让我受到了思想上的启发。还有很多曾经帮助过我的朋友与同事，在此恕不一一感谢了，还望诸位谅解。我已经通过其他方式让他们感受到我的谢意。但在此我需要提及一位对我帮助最大的同事，那就是我任劳任怨的妻子刘王惠箴博士，谨以本书献给她。

目录

第一章　序章 /6

第二章　历史背景 /14

第三章　早期仕宦生涯 /36

第四章　庆历新政 /60

第五章　朋党之争与谏言权 /78

第六章　晚期仕宦生涯 /94

第七章　经学大师 /122

第八章　史学家 /142

第九章　政治理论家 /160

第十章　宋代文学大师 /180

第十一章　理性主义与宗教 /210

第十二章　尾声 /234

参考文献 /240

译后记 /260

CONTENTS

ONE	**PROLOGUE** /6
TWO	**THE HISTORICAL SETTING** /14
THREE	**EARLY CAREER** /36
FOUR	**THE MINOR REFORM** /60
FIVE	**FACTIONALISM AND CRITICAL POWER** /78
SIX	**LATE CAREER** /94
SEVEN	**CLASSICIST** /122
EIGHT	**HISTORIAN** /142
NINE	**POLITICAL THEORIST** /160
TEN	**MASTER OF SUNG LITERATURE** /180
ELEVEN	**RATIONALISM AND RELIGION** /210
TWELVE	**EPILOGUE** /234

BIBLIOGRAPHY /240

NOTES /260

ONE

PROLOGUE

第一章

序章

俗话说，因为有山在，所以要爬山。同样道理，我们研究大人物，是因为无法忽视他们。爬山能够让人看到山周围的无限风光，与之相似，研究历史上的关键人物，让我们可以从更佳的视角来认识他所处的时代，这就是我们对欧阳修感兴趣的原因。欧阳修（1007—1072），北宋人，字永叔，天资卓颖、精力旺盛且多才多艺。今人熟知欧阳修，将其视作经学家、史学家、金石学家、政治家、政治理论家，尤其是作为文学家与杰出诗人。以这些身份，欧阳修在统治中国社会近千年的新儒学早期政治和思想发展中发挥着先锋作用，有时甚至是关键作用。欧阳修本人风华绝代，作为历史人物，理应引起人们的高度重视。

之前人们对欧阳修的研究可分为三种类型：古代传统评价、西方学者评价以及当代中国学者和教育家们的评价。在中国传统社会，欧阳修是中国儒学史上最伟大的人物之一。后世的儒士们一直把欧阳修视为典范，不仅把他作为效仿的榜样，还以他为模范激励后代努力发展儒学传统。全面讨论欧阳修的这些形象显然超出了本书的范围，本书只想简明扼要地描述欧阳修，当然这要冒着将欧阳修过于简单化的风险。

儒学家若要在其同时代人当中出类拔萃，不仅需要天资聪颖，还得正直高尚；不仅需要受人尊敬，还需要富有影响力。欧阳修幼年时因卓尔不群受人关注。即便不考虑诗歌创作，仅凭散文写作，青年欧阳修在文坛上已然声名鹊起。随着时间的推移，欧阳修在经学、史学以及经世理论上的建树为他赢得了更多人的尊重。欧阳修展现出的卓越道德领袖魅力与娴熟的行政能力，又为他在政坛赢得了巨大声望，这足以让欧阳修在其所处的时代不同凡响。但要更进一步，跻身中国历史上最伟大的儒学家之列，欧阳修还要通过"历史长河的竞争"(historical competition)这项测试。欧阳修需要达到与先贤们同样的高度，才能使其在后世拥有影响力。简而言之，杰出的士大夫应当是"全才"(universal man)，其个人不仅是传统的化身，同时还要为传统增光添彩。[1]在漫长的中国历史中，只有寥寥不足百人享受到陪祀孔庙的殊荣，欧阳修便是其中之一。

因为一直饱受争议，欧阳修在陪祀孔庙的人当中比其他人更容易引起人们的兴趣。欧阳修生前，有人指责他私德有亏。欧阳修去世一个世纪后，伟大的朱熹(1130—1200)(他被认为是新儒学领域的托马斯·阿奎那)旧事重提那些围绕欧阳修的争议。朱熹认为，欧阳修虽然在很多领域颇有建树，但是对儒家哲学思想的理解还不够深入，不具备大师的资格。[2]人们对欧阳修的批评还与政治有关。欧阳修曾经写信给改革派领袖、好友范仲淹，在这封著名的信中，欧阳修声称君主应当下放权力给大臣,即使意见相左,仍需尊重大臣们的意见。欧阳修曾在一篇特别知名的奏疏《朋党论》中断言,只要合乎道义,君子可以结党。18世纪的雍正帝痛斥了欧阳修的这些观点。雍正帝认为这些看法离经叛道,与官员无条件效忠皇帝的观点相左。雍正帝这位精力旺盛的极权主义者对欧阳修的看法怒不可遏,甚至对欧阳修流露出浓厚的杀意。[3](针对欧阳修的《朋党论》,雍正撰写《御制朋党论》加以驳斥,斥其为邪说,甚至称如果欧阳修活在现在,"朕必诛之以正其惑世之罪"。——译者注)尽管如此,这些批判都没能改变数百年来大多数人对欧阳修的高度礼敬态度。

外国人同样认可欧阳修的地位,他是西方熟悉的为数不多的中国古代儒学家。虽然西方学者与中国传统文化无甚关联,他们认为对欧阳修的传统评价大体准确。从现代、国际化的视角进行研究的西方学者,更重视其他问题。相比欧阳修对经学的阐释及其仕宦生涯,西方学者更感兴趣的是欧阳修在史学与金石学方面取得的成就,以及他对新儒学的贡献及其政治思想。西方学者对欧阳修的文学作品印象深刻,这些作品被翻译成外文后仍然魅力无穷。[4]

西方学者的这一观点与今日中国大陆对欧阳修的看法大体上相同。中国学者高度推崇欧阳修,并非因为他是伟大的儒学家(这种荣誉很可疑),主要因为他是古典文学的典范。最近编纂的文学选集中都会选录欧阳修的文章。如同旧时的私塾先生，现代学校中的教师都会提醒学生欧阳修是"唐宋八大家"（他们的作品是要背诵的范文）之一。现在古文的吸引力已经式微，目前人们对欧阳修的仰慕转向他的诗歌。就在几年前，不满足于阅读古典文学原文的人将欧阳修的诗歌译成了白话文。[5]

虽然看似奇怪，寥寥几部作品为我们了解欧阳修提供了更全面的视角：不同领域的大量图书中分散记载着欧阳修多方面的成就。考虑到过去几个世纪中所有中国人传记的写作环境与模式，对欧阳修生活的传统记载实在不能令人满意。[6]在以儒教为尊的中国，显赫人物去世后都会有一系列纪念性与说教性的文字描述其生平。这些文字一般从家庭情况开始，通常由与其家庭关系亲近或对相关信息较为熟悉且又具有声望的人来撰写。这种叙述通常包括逝者身后人们很快完成的相关文章：简短的讣告、长篇的行状（提交给权威部门，作为最终官方传记的参考）、在葬礼以及后续纪念仪式上的大量悼文、与棺材一起下葬的圹志以及刻在墓碑上的碑文。这些材料多数会被整合在一起（偶尔经过精简），之后录入家谱。这些材料的主要不足之处在于其歌功颂德的性质，这是可以理解的。这些材料也并非完全不可靠，因为中国传统的做法是不溢美不隐恶。

叙述完家庭相关情况之后，将会是标准更严格的史书编纂。在这一环节，溢美之词显著减少，关于主人公的社会政治价值的相关论述逐渐占据重要地位。在一定程度上，人物生平的地域特色开始显现，如地方志中的人物传记以及官方编纂的正史。政府的评述中出现了许多复杂因素，比如先入为主的厌恶、偏袒、政治考虑，还有历史上对成王败寇的常规偏见，而私人学者最终完成的作品，通常试图纠正或补充正史。无论是私人著作还是官方史书，其写作的根本目的都是为了说教：确定主人公的基本品格、撰写传记来说明主人公的品格、将主人公与类似人物归为一类。简单来说，这些传记（根据说教分类分为几大类）都可被看作儒学价值框架下的评价。从严格意义上来说，到目前为止所讨论的任何层面的叙述，都不符合现代或西方意义上传记的标准，考察一个人性格和特点的作品，其内在的兴趣在于揭示这个人所处的时代。

有一种传统叙述与上述情况不符，那就是一些私人学者出于兴趣与猎奇，在某人去世很久之后编写年谱。编写这种年谱通常要做大量的研究工作。年谱的编者更倾向于记录事实而非阐释事实的意义。按照编年顺序罗列人物行为有助于淡化说教性质。当然，作者通常对笔下的主人公怀有崇敬之情，作者所处时代的偏见及其本人的学术观点也会造成同样影响。相比其他类型作品，年谱中这些因素对客观性的影响要小，因此，年谱是对当代史学研究最有价值的参考文献。[7]

除了传统生平记录，现代研究者只能尽量博览其他有用的史料并谨慎地加以使用。这些史料包括正史和私修史书、编年史、官方文件汇编、类书、地方志、主人公的文集及其同时代人物的文集、人物所处时代的非正式作品（包括笔调严肃的文章、笔记小说）以及后世学者撰写的述评，等等。幸运的是，关于欧阳修的上述类型文献记述颇为丰富。[8]

中国传统史料（传记等）还有其普遍缺点，即通常会忽略历史背景。这一缺点的部分成因在于作者始终强调历史说教价值观，对时代和变化则很淡漠。这主要是因为在儒家中国，人们认为对历史感兴趣的读者寥寥无几，这些人受教育程度颇高，熟悉（或很容易掌握）历史事件。虽然这个有待商榷的假设在一定程度上符合事实，但熟悉历史事件未必等同于可以理解事件发生的历史背景。按照现代思维，人与时代相互作用，两者不可分割。要研究欧阳修，我们首先需要审视他所处的历史时期。

第一章 序章

1. Reischauer and Fairbank(1960), 235.
2. 《朱子全书》卷59，第4页；《朱子文集》卷12《读唐志》，第447页。
3. Nivison(1959a), 226—227.
4. Locke(1951)。将欧阳修的著作翻译成英文，见Davidson(1957), 437—440。这已不再是最新的欧阳修著作英译本，见Birch(1965) and Rexroth(1955)。
5. 黄公渚：《欧阳修词选译》。
6. Twitchett(1961), Twitchett(1962), 刘子健《欧阳修的治学与从政》。
7. 《庐陵欧阳文忠公年谱》《增订欧阳文忠公年谱》《欧阳文忠公年谱》，其中《增订欧阳文忠公年谱》最佳。
8. 关于正式史料，主要见于《国朝诸臣奏议》《续资治通鉴长编》《皇宋通鉴长编纪事本末》《宋名臣言行录》《宋会要辑稿·职官》《宋会要辑稿·选举》《宋史》和《文献通考》。非正式史料，最方便的是《宋人轶事汇编》和佐伯富的《中国随笔索引》《中国随笔杂著索引》。

TWO
THE HISTORICAL SETTING
第二章
历史背景

在8世纪中开始的中唐（约766—835年），中国历史出现了巨大的分水岭。从8世纪至宋朝（960—1279年）建立，中国的统治阶级由门阀世家缓慢地向职业官僚转化。世家大族逐渐淡出历史舞台，藩镇割据的情况不复存在。由职业官员掌控的政府有效实现了从都城到每个城镇的集权，大多数职业官员需要通过充满竞争性的科举考试并凭借资历才能一步步得到升迁。大部分官员仍是拥有土地的士绅，其待遇主要来自作为政府官员的俸禄，而不是来自其与生俱来的地主身份，作为士绅，他们自动成为统治阶级的一员。还有很多其他因素造成了统治阶级由门阀世家向官僚的转化：商业与货币经济的发展，城市化进程，活字印刷术的广泛应用以及随之而来的教育普及化，科举考试为普通人化身精英提供了机会。从宋初到20世纪初，这一系列情况很大程度上仍然是中国的特色。[1]

宋朝在整个中国历史上处于何种重要地位？学者们普遍认为宋朝是新的社会形态与文化模式的形成时期。一些史学家将这种新的发展称为某种"文艺复兴"，这是对这个被滥用的术语一种非常特殊意义上的使用。更有甚者，有人提出宋朝是"早期现代"的发端。以上种种论断都有一个共同的错误：它们都试图把中国历史装进欧洲历史的参考框架内。其实，两者之间最多具有相似性，不能用欧洲历史的框架去解释中国历史。这些论断无助于解释中国在经历"文艺复兴"后为何没能继续沿着这个方向发展，中国在"早期现代"之后为何没能走向"晚期现代"，或者这种新的模式为何以及如何成为中国国家秩序，并持续了如此长的时间。

要想较为全面地认识宋朝，我们既不能高估这些变化带来的前进势头，也不能低估历史连贯性带来的稳定惰性。毕竟，连贯性与变化的力量并非彼此排斥，而是相互作用。虽然变化的力量改变了连贯性，连贯性决定了可能发生的变化的类型。中国文化自古以来就具有较强的连贯性，这种连贯性根深蒂固且得到了有效传承，并一直延续至唐，因此唐宋之际的变化必然是渐变而不是突变，是部分变化而不是完全改变。这些变化创造出取代旧模式的新模式，但这并不意味着它鼓励发生更多改变。因此，我在其他著作中提出了"新传统"(neo-traditional)发展阶段的概念，这一阶段始于晚唐，定型于宋初，前后持续了近一千年。[2]所谓新传统，本质上是指将特定古代文化传承与变化因素相互融合形成。这一新传统并未局限于精英阶层，而是贯穿了整个中国社会，并触及广大民众，比旧传统更难被加以改变。由于这种新传统是通过新旧两种因素柔和交织而成，它总是阻碍突然而彻底的改变，更遑论具有革命性的变革了。最终，新传统的保守取向导致了社会发展停滞不前。

当然，宋初远没有停滞不前，新传统此时朝气蓬勃。具有前瞻思想的人才层出不穷，欧阳修就是其中之一。这些人才用旧传承来定义新问题，提出新思想，尝试用新方法来解决旧问题，并用新方法来应对当时的新问题和新挑战。

宋朝自身也存在着严重的问题。[3]军事上，这个农业帝国虽不能说软弱，但其军事实力确实无法匹敌其北方邻国。宋朝统一了今天中国的绝大部分地区，唯独在统一北方地区时遭遇失败。紧贴长城以南的中国北方大片地区被牢牢掌握在辽帝国手中。辽国的契丹统治者在治理北方游牧领地的同时，非常善于控制这部分农耕地区。而该地区在历史上曾是传统中国不可分割的领土，宋朝统治者无力收复该地区，导致了全国上下不断滋生出屈辱和怨恨的情绪。雪上加霜的是，景德元年（1004年），宋与辽达成和议（即澶渊之盟。——译者注），向其缴纳岁币。随着时间的推移，失败主义外交政策逐渐成形并一直持续下去。随后接二连三发生的危机，对宋朝愈加不利。

11世纪，宋朝面临的紧张局势日益恶化。从西北到内蒙古沙漠地区以南，由党项族建成的新国家西夏于宋仁宗宝元元年（1038年）入侵宋朝。辽朝充分利用这一有利局势，对宋朝趁火打劫。同时，宋朝内部还发生了多起暴动。[4]上述危机催生了1043—1044年间小规模改革——庆历新政的出台。由于国内外秩序很快恢复，改革搁浅了。1069至1085年，宋朝又进行了一次大规模改革——熙宁变法，重塑宋帝国的军事力量是变法诸多大力举措之一。宋在与位于南方的安南以及西北地区的冲突中取得了胜利。但半个世纪后，悲剧发生了。来自长城东北满洲地区的新势力女真人灭辽，并建立了金帝国。金曾短暂与宋结成名义上的盟友［指宋徽宗宣和二年（1120年）宋、金海上之盟。——译者注］，但随后在短短几年内就南下至黄河并灭亡了北宋。宋帝国的残余势力维持着淮河流域以南，大致位于中国中南部地区，其建立的政权被称为南宋（1127—1279年）。最终，蒙古人到来，征服了金与南宋。

虽然饱受摧残，但南宋在蒙古人的攻势下顽强坚持了大约半个世纪，远远长于金朝存续的时间。南宋能坚持这么久主要是因为内部团结一致。唐帝国与短命的五代（907—960年）诸国均毁于藩镇割据，宋朝政府吸取了这一教训，小心掌控着军事力量，将最精良的部队大部分集中于都城附近，且有意弱化边防军队的力量，以致有时边防军队甚至无法应对当地的动乱。任何军事指挥者被授予的权力都很有限,而且这些权力还总是受到约束。无论这项政策有何缺点,它都很好地服务于维护国内安全的目的。由此一来,地方分裂主义从未出现,也没有篡位者威胁到皇位。金朝入侵者暂时扶植的两个傀儡皇帝(伪楚的张邦昌和伪齐的刘豫。——译者注)也不例外,他们难以自立,这是宋朝得到坚定支持的又一证据。促成宋政权稳固还有另外两个因素:士大夫们的忠心耿耿与对入侵者的同仇敌忾。可能正是出于这种同仇敌忾,与中国历史上其他时期相比,这一时期大规模农民起义的数量格外少。[5]宋朝政府不时减免农民的税收,向农民发放救济粮,还在控制腐败、限制贵族滥用权力方面做出不少努力。最重要的是,持续发展的经济带来的普遍繁荣,使大部分贫民的不满情绪降到了爆发点以下。

宋朝的财政状况一开始就运行良好:中央集权管理确保地方税收足以满足政府的经费需求;财政收入随着总体经济增长而增长;政府支出谨慎而合理,确保财政保持盈余状态。支付给辽与西夏的岁币并未给宋朝的财政造成太大困难。如果不考虑维持战备状态的高额军事成本,据估计,11世纪宋朝每年用于维持和平的总成本不足国家预算的2%。具有讽刺意味的是,更高的费用来自维持文官政府的运行。尊礼文官是宋朝的基本政策。最终,出现了类似帕金森定律（Parkinson's law）的现象。[1]繁荣也并非没有负面影响。官员生活水平不断提高，催生了城市生活的奢靡之风。需求扩大又导致了物价不断攀升，生活成本增高。

到11世纪中叶，宋朝的财政情况开始出现恶化的迹象。财政入不敷出，且政府收入持续低于预期。虽然城市地区的收入在增加，部分弥补了财政赤字，但可能由于行政管理不善、逃税以及政府把财政重担转移到无助的贫民身上，而他们根本无法上缴新增加的税收，农村地区的收入在不断减少，这造成了严重的问题。此后，政府不断采取措施，希望能精简开支。当这些紧缩措施收效甚微时，政府的财政政策转向强硬，尤其是在贸易与财政领域。在1069—1085年重大改革期间推出的新法中，提出了一系列前所未有的强有力措施，诸如通过农田水利法重塑财政结构，根据新评估办法调整土地税使之更为合理，通过市易法更新收缴运送税收的方式，使政府在适当范围内参与商贸活动，青苗法让农民可向政府申请有息贷款，募役法还将从前的差役改为募役等。这些改革措施确实大幅增加了政府收入。不幸的是，新增加的收入很快又萎缩了。让

---

[1] 帕金森定律（Parkinson's Law）又被称为"金字塔上升"现象，是官僚主义或官僚主义现象的一种别称，也可称之为"官场病""组织麻痹病"或者"大企业病"，源于英国著名历史学家诺斯古德·帕金森1958年出版的《帕金森定律》一书的标题。帕金森得出结论：在行政管理中，行政机构会像金字塔一样不断增多，行政人员会不断膨胀，每个人都很忙，但组织效率越来越低下。——译者注

精英阶级颇为不满的是，大改革虽然消除了一些阶级不平等现象，普通人的税收负担却更为沉重。如果改革措施真能按照计划被有效执行，也不至于带来灾难性结果。但政府的新经济活动特别是在地方政府中，为滥用权力与腐败提供了更多机会，让官吏和与其勾结的商人大发横财。更为严重的是，改革计划带来的短暂成功让宋朝沉浸在自我满足之中，使皇室更加无所顾忌地奢侈浪费，并毫不明智地发动军事冒险（指宋、金联合灭辽。——译者注），这两者最终直接导致了北宋的灭亡。而南宋的财政状况一直欠佳，赋税沉重且税收程序不规范的弊端日积月累，使得腐败横生，纸币大量发行又导致了通货膨胀，宋朝的这些问题在历史上饱受诟病。

较为发达的农业采掘业赋予了宋朝基本国力，使宋朝经济免于崩溃。宋帝国无疑是当时世界上最富有的国家。宋朝的农业蓬勃发展，在其南部与西南边境，不断开垦出来新的土地并进行耕种，逐一克服了山地与土地贫瘠的问题。在人口密集区域，旧土地得以重新开垦，一些边角土地被重新加以利用。引进了更优良的种子，尤其是引进了早熟稻（即占城稻。——译者注）的种子；水利灌溉和许多农耕先进技术逐渐从经济发达地区扩散到经济落后地区。[6]粮食、丝绸、茶叶与棉花的产量都得到大幅提升。加工业产品（盐、铜、金、银、铅、锡、钼等）产量也显著上升，为整个国家积累了巨额财富。此外，煤炭与冶铁业的技术进步尤其引人注目。虽然不合理的税收以及一定的国家禁榷给产业带来严重的负面影响，宋朝经济仍在持续地蓬勃增长。加工业与制造业贸易繁荣，生产出大量纺织品、金属器皿、纸张、印刷品、漆器等。宋代的艺术品，尤其是瓷器非常有名，加之国际市场对中国商品的需求不断扩大，以至于当时的中国逐渐发展出地区专业化的商业模式。

无论在集市、地方市场还是在地区与长途贸易中，商贸都在蓬勃发展。商品主要通过水路运往海岸线和海外。交通条件的改善、信贷与银行系统的发展，尤为重要的是纸币的广泛应用，都促进了商贸繁荣。[7]对农业社会来说，宋朝经济多元化与货币使用的广泛程度令人惊叹，这在中国历史上都是前所未有的。

在这个富足的社会（按照前现代的标准来衡量），城市变得日益繁华。[8]整个北宋的人口大约不足6000万，都城开封与其他几座大城市均大约有100万居民。人口较少的城市居民在10万人以上。一幅优美的宋时画卷《清明上河图》（今天看到的主要是后世的复制品）生动展现了开封当时的面貌，画中河运繁忙，穿过虹桥可见店铺林立，艺人们给大人和孩子们表演各种技艺，小商小贩则在兜售杂货。街道旁边矗立着精英阶层雕梁画栋的宅院。在这幅画卷的背景中，可看到被隔离起来的规模宏伟的皇宫大内。可以说，这幅画卷从诸多方面详细记录了当时的都城生活。后来南宋的都城临安（今杭州）成为更加引人注目的大都市，蒙古的入侵并未给这座城市带来太多破坏。繁华的临安给马可·波罗留下了不可磨灭的印象，他在《马可·波罗游记》中对这段旅程的描述，让临安惊艳了世界。

城市化必然影响着社会与经济的发展。它使得精英与普通民众更加接近，丰富了这两个阶层的生活。精英阶层对他们享受到的多元高雅文化倍感自豪，这些元素包括古典文学，以及吸收了大量流行元素的其他复杂的文学形式，如文学评论、创造性哲学、绘画以及其他精美艺术，此外，精英们在城市中还能享受到舒适的生活和珍馐美味。

接触到精致生活的较低阶层的百姓被其深深吸引，许多人开始模仿精英的品位。而上层精英则认为城市中的大众娱乐生活充满趣味，尤其是戏剧和说书表演。通过这种融合，旧的阶层壁垒逐渐瓦解。因此，通过科举考试的普通人有机会成为统治精英中的士大夫便合情合理。此外，商人数量不断增多，其重要性与日俱增，其他城市团体也逐步走向繁荣。城市生活方式从大都市的中心地带逐渐向小城市扩散。官员履新让宋帝国的偏远地区也可以接触到印刷书籍，甚至在偏僻的小城镇，贸易网络也在不断扩大，集市、市场、饭馆、酒肆以及茶馆的兴盛，各色艺人的游走等因素促进了这种扩散。简而言之，城市化进程促进了文化在整个宋代社会的传播。

士大夫矗立在宋朝社会的顶点。在政治上，他们手握大权；在社会上，他们是不容挑战的精英；在文化上，他们还是领袖，沉浸在自身的文化中，以之为荣，也乐于不断努力使其尽善尽美。从经济角度看，大多数士大夫出身地主家庭，虽然很多人也是从相对卑微的阶层中通过不断奋斗才崛起。一旦入仕，他们将获得丰厚的俸禄与优待，在国家节日这样的特殊日子里，他们还会获得来自政府馈赠的礼物与各种奖赏。官员自身享受到的各种优待与补贴，除了封赠和价值不菲的致仕赏赐，还有惠及其家庭成员的其他优待。他们可将盈余的收入用于购置土地，而官员拥有的土地是免税的，当然也有一定限制。还有一些人入股亲戚朋友经营的生意。只有少数商人能够和最有钱的士大夫一样富有，但经商带不来声望。在宋代，身份地位主要来自官职，其次才源于财富。富商想要提高其声望的唯一办法就是结交士大夫，更好的办法是让儿子加入士大夫的行列。[9]

宋朝皇帝对节度使和世家大族的不信任，导致了士大夫阶层的崛起。相比依赖这些传统上野心勃勃、存在潜在颠覆性的势力，宋朝统治者更愿意选用职业文官。科举大门对所有具备资格的举子们开放，其中还包括那些平民出身的考生。科举中第之人不仅风光无限，还能获得俸禄优厚的稳定官职。[10]昔日名门望族的后人别无选择，只能适应机会均等的新系统，而那些出身卑微却凭借科举考试崛起之人则对科举制感恩戴德，并对其死心塌地。

官员拥有的所有权力都源自其所任命的官职，这受制于文官规则，而最终的决定因素则是皇帝的意愿。官员是皇帝的傀儡，他们自身并没有任何权力，官僚权力的这种衍生性质是其忠君的最佳保证，而儒学思想又进一步巩固了这种忠君思想。

宋朝政府像一部机器，乾纲独断的皇帝拥有这部机器并加以指挥，官员则负责操作这部机器。官员升迁一般是根据业绩、资历、举荐，尤其是保举，而裙带关系与私人偏袒的概率被控制在较低的水平，除非是在腐败的官府衙门。贬官的主要原因包括负面报道、明显错误、审查人员的指控以及有时候的政治陷害等。一般情况下，政绩考核的标准较为公平，尤其是在宋初。在宋代焕发了新的活力，并获得新力量的儒家道德规范强化了这一标准。在当时不断发展改良的社会习俗中，这一标准被建立起来，品行高尚的士大夫们对这一标准更是勤勉躬行。

最开始，宋朝皇帝在治国时听取宰辅们的建议后再做决策，随后再指示宰辅大臣们具体执行。然而，到了11世纪中叶，一些秉承理想主义的士大夫们开始大胆要求被赋予更多权力。他们这一要求是基于儒家思想，即大臣需匡扶皇帝的道德标准。即位前后，大臣都是皇帝的导师。大臣们拥有这一特权，且从理论上讲，皇帝行为失当时，大臣们有义务提出异议。事实上，言官的义务就是指出皇帝的错误。这一举措来源于士大夫最善治国的理想主义的儒家思想。皇帝应该选择最优秀的士大夫为宰辅或言官，并赋予他们充分的权力以便辅佐皇帝治理国家。

儒教国家的本质，在于作为意识形态权威的儒家学说与作为权力结构的国家之间的基本对立。[11]既要尊重士大夫的意识形态权威，又要谨慎地限制他们手中的权力，这让皇帝的态度十分矛盾。如果众多士大夫们能团结一致，那么他们就可以获得更大的权威与权力。毕竟，一旦失去士大夫们的集体支持，帝国将面临巨大危险。不过，士大夫们彼此不和的政治天性排除了这种可能性。个人野心、个体利益的冲突以及毫不隐晦的意见不合都会起作用。一旦有重臣的影响力超乎寻常，其他人就会影射他图谋篡夺权力，或者干脆说他不忠。一旦一伙官员长期掌权，那些被排除在权力圈之外的人便会指责他们结党垄断朝政，蒙蔽天听，让皇帝无法兼听则明。在朋党斗争中，两派都会尽力争取皇帝的支持，这使得皇帝的绝对权力进一步上升，士大夫们手中的权力最终减少，甚至他们在意识形态上的权威被削弱。如果团结起来，士大夫们会得以立足，但他们从来都没有这样做。如果分裂，他们只会衰落，而士大夫们最终确实走向了衰落。对他们来说，11世纪似乎是黄金时期，他们本可以在政治上达到比以往任何时候更高的高度，荒谬的是，他们却亲手毁掉了自己的机会。

在非官僚系统的意识形态领域，宋代士大夫们的影响力更为持久。他们不仅复兴了儒家思想，还丰富了其内涵。在宋代之前的近一千年中，儒家思想已经在新道教尤其是佛教面前失去了优势地位，而新道教和佛教在普通百姓中极受欢迎，受过教育之人甚至也成为它们的追随者。例如在唐朝，许多士人都在佛寺中学习，那时佛寺是一流的学习中心。但到了宋代，儒学研究再度兴盛，这在很大程度上归功于政府的科举考试。教授儒家思想的学校快速涌现。富人们给私人学术机构捐田捐房，地方官员使用政府经费兴办了一些学校，还为学校的兴建募集私人捐款。到11世纪中期，在所有州府以及重要的县建立官学已经是宋朝的基本国策。随着印刷术的进步和活字印刷术的使用，书籍的价格日益低廉，因而经济情况一般的人也能买得起书。太学、经济发达地区的地方政府、感兴趣的士大夫、学校以及许多城市的书商开始出版越来越多的图书，且图书种类各式各样。严肃著作、纯文学、经典文学和新文学著作都得到了更为广泛的流传，便携式参考书在应举时尤为有用。受教育人群迅速扩大，他们之间的激烈竞争促使儒家学术取得了超越过去的成就。这就是新儒学的起点。

自耶稣会之后的欧洲汉学家们，在很长一段时间内使用"新儒学"这一术语时采用其狭义定义，主要是指由朱熹在12世纪创立的儒家正统哲学，中国人习惯称之为理学思想。根据近年来其他学者对该词的使用情况，我决定在本书中使用这一术语更为广义的定义，来泛指一种知识体系与生活方式。这一体系以儒家主要思想为基础，发端于11世纪初，是为了满足日益复杂的社会需求变化而出现的。简而言之，"新儒学"这一术语所指的就是新传统社会在思想和道德方面的内容。[12]这是经典儒家思想的延伸，并不具有独立性：它与经典儒家思想一同构成了中国的新正统思想。尽管如此，这两种哲学之间存在着重要区别。

新儒学有四大特点，伦理原教旨主义、复古主义、历史思维与人文主义。伦理原教旨主义认为道德具有最基本的重要性，人应该严格遵从古代文本关于道德的训教——这是所有儒家流派的核心思想，但新儒学最为系统而细致地阐述了道德的哲学支撑，还制定了广泛而细致的行为准则。复古主义认为人们应当努力恢复上古黄金时代。这一黄金时代是新儒家学者们根据他们认为的儒家经典中所体现的理想原则而重构的乌托邦。历史思维则是通过培养一种比早期儒学家对上古以来所发生的实际变化更现实的认识，平衡这种认为上古更优越的信念。人们研究历史也是为了了解社会是如何退化、为何退化，以便防止重蹈覆辙，还可找到使社会变得更好的办法。我们在这里所使用的人文主义，是强调人，强调自我修养，强调人的潜力与人的极限。经典儒学更注重教育贵族阶级，认为社会其他阶级也会受到他们的道德感召，而新儒学人文主义则与此不同，它对精英与普通人一视同仁，这更适用于一个需要通过竞争性考试来获取精英地位的社会。但新儒学并非主张人人平等，同经典儒学一样，它同样认为适当的阶级划分必不可少。它延续了每个人根据身份不同需遵从不同行为准则的儒学思想。

新儒学在中、晚唐时期有几位先锋人物，但其主要发展是在宋代。宋初的新儒学拥护者对其热情甚至超越了对仕途的追求。他们完全是出于自身兴趣而学习儒学，且坚信自己的学术成就能够超越前人，还相信这能帮助他们与先贤大师建立起直接联系。他们相信能够重新掌握孔子本人的正宗思想。无论在信仰上还是气质上，他们都是活跃分子。他们的最高理想是运用儒家观点来修正自己的观点，以使社会变得更好。这种改革精神在11世纪的新儒学领袖中尤其普遍，甚至可被描述为一种儒家使命感。[13]

这些新儒学先驱们涉猎的学术范围非常广泛。他们在哲学上是创新者，在伦理学上，他们达到了前辈们未曾达到的前所未有的心理深度，宇宙学引起了人们相当大的兴趣，但这一学科的实践仍然并不引人注意。古代经典既要经过文本批评，还要根据现实情况对其进行实用性阐释。"如何治国平天下"这一问题引发了诸多哲学思考：大部分学者强调通过修身提升个人道德水准；少数有重要影响力的学者主张改革政府机构与政策；当然还有些学者提倡从家庭、家族与社区层级重建社会。新儒家重视从历史中汲取教训，他们编撰了多种类型的历史著作，其中包括朝代史、编年史、机构史、方志、主题史以及类书，这促进了考古学、史学以及文献学的发展。[14]学术的新进步还体现在文学方面：一种新的文学形式诞生了。这种文学形式的名字非常具有迷惑性，叫作"古文"，实际上它虽然遵循了古代写作模式，在精神上却是一种巨大的创新。此外，宋代的大诗人们不仅可以与唐代的前辈们比肩，还创造出一种新的诗歌形式"词"，这是宋代的巨大成就。[15]

能够不断丰富自己是新儒学的一大特点，它在儒学的大树上嫁接了新枝，并且结出了新的果实。新儒学重新重视了孔子的思想，并试图对其加以利用来改革时人的生活。新儒学援引上古思想的权威并非要真的回到过去，而是在继承古代思想精华与当前创新之间达到最大化。如我们所见，欧阳修体现了儒学理想和现实考量之间的平衡。另一个突出的典型案例是王安石，他是宋朝重大改革的领导者。王安石对儒家经典非常推崇，尤其是《周易》，但他按照自己的理解来践行，这样做主要是为了证明其新法的合理性，毕竟许多新法措施都是史无前例的。新儒家形而上学的五位创始人（指北宋五子：周敦颐、程颢、程颐、邵雍、张载。——译者注）也是一样。在后来的几个世纪里，他们因重建哲学正统而被后世铭记，这是在孔孟之后都没有出现过的功绩。然而，新儒家们最大的贡献是形而上学，在这一领域，无论是孔子还是孟子都未曾涉及太多。

新儒学是在面临巨大阻力的情况下发展起来的。虽然大部分人接受尊重过去的习俗，但很少有人乐意让这种思想影响眼前的利益。无论是重塑还是创新，每每涉及变化都有人站出来反对。反对者称这些沉寂许久的东西无法在不同时代中重新焕发活力，或者说这些缺乏先例的做法可能会导致新的离经叛道的行为。还有一些阻力来自新儒家内部。在如何合理阐释儒家经典，政治与社会改革应该采取何种方向上，或者同时在这两个问题上，新儒学领袖们的意见常常相左。

关于政治思想的争论尤为激烈。宋初，大部分士大夫的思想都较为传统，甚少有人对政治理论感兴趣。[16]但不足百年之后，情况就完全改变了。对现实世界的不满和对理想信念的向往，驱使一批颇具声望的学者们对此发出严厉批评，并主张各种改革，他们的做法有时甚至以牺牲个人仕途为代价。在某种程度上，11世纪政治思想的多样性与中国古代哲学最为活跃的诸子百家时期相似。相比之下，宋代思想是在新儒学的保护之下产生的，其多样化自然逊色很多。尽管如此，宋代还是自先秦以后政治思想最为活跃的时期。[17]

政治风暴与理论分歧的中心问题是何为正统。一些先驱者热情饱满，以至于他们经常用自己对儒学的阐释取代早期儒家的阐释，并坚持认为只有自己的阐释才是正确的。这种自称正统的做法引来不少非议，尤其是来自持不同观点的新儒家们。[18]在意识形态上给庆历（1041—1048年）新政提供支持的学派就是这样自称正统的一群人。这一学派及其支持的改革带来的党争旷日持久，最终导致政治与学术环境的恶化。1069年，重大改革落实，此后，大规模的类似事件再度发生。大体上看，根据对改革支持和反对的态度，士大夫们分成了两个对立阵营，不少人自称正统。党争持续了数十年，政局来回摇摆，双方都通过不遗余力地施加政治压力，来确立自身思想的真理地位，而滋养不同思想生长的相对自由的精神已一去不返。

南宋政治思想的活跃度较北宋更逊一筹；社会因传统而僵化，对已有秩序的批判都会受到质疑。南宋初，朱熹及其追随者称自己的思想为理学，而对手则正式称之为"伪学"，并罢黜了他们在政府中的实权。尽管如此，新儒家们卓越的学术成就、高标准的行为准则以及大量著作，最终为其在学术圈中赢得了无上的尊荣。他们在社会改进与个人修养方面的大量观念被广泛接受。政府权重如山，却无法阻止朱熹及其追随者成为思想与社会的领袖。具有讽刺意味的是，在13世纪末蒙古统治时期，新儒家的思想终于被官方认可为正统儒学。这一学派创立的精致的新儒学哲学系统毫无疑问具有持久的重要性。然而，意识形态霸权的长期斗争已经削弱了这一学派曾经拥有的任何政治活力。其政治理念开始变得平淡、狭隘与保守。[19]新儒学的重要矛盾之处在于，北宋时，它一直是国家事务强烈的意识形态卫士，时常与皇帝以及意识形态立场不鲜明的士大夫们产生分歧，最终它却成为国家主张的思想体系，被用来扼杀质疑与评判。

宋代有着辉煌的成就，为后世建立了新的传统模式。虽然许多新儒家时常有意见分歧，新儒学在很大程度上还是成功地将新旧思想结合为一种富有活力且有效的传统。因此，对于后世士大夫来说，宋朝是一段近乎能够满足他们共同的理想的时代。诚然，他们对宋朝的仰慕使其忽视了当时的文化倒退现象：尚武意识淡漠、妇女地位下降、佛教衰落以及民族优越感倾向抬头等（还可以举出一些），使后世官员认为这些倒退是君主专制主义、官僚权力滥用以及农民普遍贫困造成的。尽管如此，对这一伟大时代怀有感情的不只是精英阶层。正如在流行戏曲与话本中保持鲜活的口述传统中所听到的那样，后世百姓总体上是偏爱宋代的。直到今天，宋代在许多中国人心中仍具有很高的地位。

1. Kracke (1955); Reischauer and Fairbank (1960),183-188.
2. 刘子健:《欧阳修的治学与从政》。
3. 见Kracke(1953), 8—27, 对历史环境的最佳总结。
4. 比如康定元年（1040年）十一月，浙东军士鄂邻等暴乱；庆历元年（1041年）七月，京西军卒李士忠等；庆历三年（1043年），王伦沂州暴乱；张海、郭邈山领导的京西、陕南暴乱；南环州区希范暴乱；九月，湖南瑶族暴乱；十月，光化军邵兴暴乱，见赵继颜《北宋仁宗时期的农民起义》,《山东师大学报》1986年第2期。——译者注
5. 可参阅《宋代三次农民起义史料汇编》。
6. C. T. Chi (1936),129-133; P. T. Ho (1956).
7. 参阅 L. S. Yang(1952)。
8. Gernet (1962).
9. 参阅 P. T. Ho（1962）。
10. 参阅 Kracke (1953); Menzel (1963); Eisenstadt (1963)。
11. J. Liu(1957); 刘子健《儒教国家の双重性格》; Eisenstadt (1963)。
12. 夏君虞《宋学概要》, 第7—30页; de Bary et al.(1960), 409-581; de Bary(1959)。
13. Nivison (1959),4-13; de Bary (1959).
14. De Bary et al. (1960),491-509; Gardner (1961) Beasley and Pulleyblank (1961).
15. Hightower (1962),72-75, 84-93.
16. 《文献通考》卷30《选举考三》, 第285页,《朱子语类》卷130《本朝四》, 第2—5页; Kracke(1953), 197—198; J. Liu(1957), 122-131; J. Liu(1959), chap. 5; J. Liu (1959a); 刘师培《汉宋学术异同论》。
17. 萧公权:《中国政治思想史》第2章, 第143—189页; J.Liu(1959), 22—30。
18. 皮锡瑞:《经学历史》, 第56页; J. Liu(1959), 88—90。
19. 皮锡瑞:《经学历史》, 第56页; 钱穆:《宋明理学概述》上册, 第24—25页; 孙克宽:《元初儒学》。

THREE

EARLY CAREER

第三章

早期仕宦生涯

晚唐文化经济最发达的地区是长江下游地区，尤其是自南京向东的长江三角洲地区。在五代军事混乱和政治动荡时期，许多在内陆和长江上游任职的下级士大夫，都选择定居在现在的江西省。江西重山复岭，土地也较为贫瘠，却相对免受外界干扰。正是在这里，由下游低地地区移民带来的传统文化的种子，又重新绽放出璀璨光华。11世纪中叶，来自江西的一群个性鲜明、充满活力且目光远大的学者们在政治舞台上冉冉升起，打破了北方人对朝廷高官的垄断。来自宋朝发源地黄河流域的北方人，自100年前宋朝初建以来一直牢牢掌握着高阶官职。在这些最为著名的南方学者中，除了欧阳修和众所周知的改革者王安石之外，还包括首位南方人宰相王钦若、第二位南方人宰相晏殊、王安石的弟弟王安国和欧阳修的首席门人弟子曾巩。[1]所有这些人的家族史都一脉相承，显示出这样一种轨迹，即通过几代人的努力，他们从相对默默无闻的文人背景逐渐迈上政治与社会阶梯的顶端。

欧阳修为其家族编纂的族谱图序显示，欧阳家族起源于唐朝时期几位杰出人物。这一说法疑点重重：其家谱中存在几处明显的空白，而这些空白完全无人知晓或几乎不曾被提及。[2][1]实际上，欧阳家族直到欧阳修本人的前一代一直籍籍无名。他的三位叔父都在宋初为官，他们是家族中最早获得官职的人。[3][2]欧阳修的父亲于宋真宗咸平三年（1000年）中进士第，迎来了充满希望的开端，却在担任长江上下游地区数个低级职位后于大中祥符三年（1010年）撒手人寰。[4]欧阳修的母亲据说"世为江南名族"，鉴于其家族不可考，其显赫地位很可能是夸饰。[5]

虽然根据习俗和法律，从父系血缘角度来看，欧阳修是江西人，但他并非真正土生土长的江西人。宋真宗景德四年（1007年），欧阳修生于绵州（今四川绵阳），当时他的父亲任绵州军事推官。父亲去世后，母亲携同欧阳修来到叔父欧阳晔任职的随州（今湖北随州），并在那里将他抚养长大。[6]欧阳修仅在安葬双亲时对祖籍庐陵进行过一次重要访问。虽然他当时写下一篇感人肺腑的祭文《泷冈阡表》，表达了最深挚的孝子之情，却从未像虔诚的孝子应该做的那样，返回祖籍祭扫先人之墓，而是让一些道士照看祖坟。欧阳修更加眷恋颍州（今安徽阜阳）美丽的湖光水色。他在颍州购

---

[1] 《居士外集》卷24《欧阳氏谱图序》："（欧阳）询之子通，仕于唐，尤显，皆为名世……自通三世生琮，琮为吉州刺史，子孙因家焉。今为吉州吉水人也。自琮八世生万，万为安福县令。万生某，某生雅，雅生效，效生托，托生皇高祖府君。府君生子八人，于世次为曾祖。今图所列子孙，皆出于八祖。"——译者注。

[2] 《尚书都官员外郎欧阳公墓志铭》："李氏亡，先君昆弟同时而不仕者四人，独先君早世，其后三人皆登于朝以殁。"《欧阳氏谱图序》："自宋兴三十年，而吾先君伯父叔父始以进士登于科者，四人。"——译者注

置田产，并最终致仕后归老此地。[7]在对待祖先的问题上欧阳修貌似背离儒家思想的行为，使其在后来数百年间遭受尖锐的批评。然而，欧阳修的批评者们在批评时却未能将不断变化的历史背景考虑在内。在宋初，社会向上流动的机会很大，随之而来的是家庭的迁徙，这种现象在宋初要比之后普遍得多。很多出身相对卑微的官员在全国各地任职多年之后，都选择在他们自己喜欢的地方定居，而不是返回祖籍。与欧阳修一样，他的叔父及其亲眷也从未返回庐陵居住。[8]

有故事描述了欧阳修的童年，这个故事是根据《宋史·欧阳修传》中的一段描述编写而成，这个故事在今天甚至还会出现在中国的童书中。根据这个故事的说法，欧阳修幼年家贫，他只能用芦苇秆在地上练习写字。从字面意义上来说，这个故事并不真实：欧阳修的叔父欧阳晔进士出身，还是政府官员，因此不可能是贫穷之人，而欧阳修是在叔父的庇佑之下长大成人的。但从象征意义上来说，这个故事又是真实的，而且这也正是官方历史编撰者的本意，他们想要强调这样一种隐含的意义，即欧阳修从根本上来说是自学成才。欧阳修从未在正规学校求学，而且就像他自己证实的那样，在相当落后的随州地区，当地也没有知名学者教书育人。欧阳修是个聪敏好学的孩子，而且他学习极为刻苦。根据苏辙的说法，尽管欧阳修近视，但他的阅读速度非常快，基本上可以一目五行。[1]欧阳修年轻时，自称拥有的书籍寥寥无几，他有一位富有的李姓朋友，其家藏书颇丰。在登门拜访这位李姓朋友时，欧阳修在一个破旧的筐中发现了残缺不全的韩愈文集。韩愈是唐代伟大作家，又是新儒学的先驱。欧阳修被韩愈的古文深深折服，并暗下决心，自己也要掌握这种文体。[2]虽然早年对这一文体的接触对欧阳修的未来产生了重要影响，但在当时，他只能暂时放弃理想，因为古文根本无人知晓，更说不上受人尊重，在科举考试中，具有关键意义的是时文。

宋仁宗天圣三年（1025年），16岁（周岁）的欧阳修首次参加科举考试，结果因押韵错误而落榜。天圣五年（1027年），欧阳修再次应举，运气仍然不佳。唐时旧俗，年轻举子可以通过向拥有文学权威的高级官员进呈其作品寻求认可（指行卷。——译者），宋时，人们仍在某种程度上遵循这种旧俗。天

---

[1] 《栾城先生遗言》："公言欧阳文忠公读书，五行俱下，吾尝见之，但近觑耳，若远视何可当。"《石林燕语》："欧阳文忠近视，常时读书甚艰，惟使人读而听之。在政府数年，每进文字，亦如常人，不以为异。"——译者注

[2] 《居士外集》卷23《记韩文旧本后》："予少家汉东，汉东僻陋无学者，吾家又贫无藏书。州南有大姓李氏者，其子尧辅颇好学。予为儿童时，多游其家。见其弊筐贮故书在壁间，发而视之，得唐《昌黎先生文集》六卷，脱落颠倒，无次序；因乞李氏以归。读之，见其言深厚而雄博，然予犹少，未能悉究其义，徒见其浩然无涯，若可爱"。——译者注

圣六年（1028年），欧阳修便带着自己的一些作品前去拜见翰林学士胥偃，胥偃当时待在随州附近的汉阳。胥偃喜爱古文，当时结交了几位文人朋友（比如柳开），这些朋友强烈反对当前的文风。胥偃发现欧阳修才华卓著，故而邀请他留下。次年，胥偃带着欧阳修前往开封，并将其引荐给其他喜爱文学的高级官员。欧阳修在都城开封受益良多，变得更为引人注目。天圣七年（1029年），欧阳修通过了解试，并于天圣八年（1030年）高中进士。[10]

按照当时的风俗，前途远大但出身卑微的金榜题名者会被显宦择为乘龙快婿。依照这种风俗，欧阳修迎娶了胥偃之女。[11]胥氏三年后去世，没有为欧阳修留下一儿半女。景祐四年（1037年），欧阳修续娶了另一位高官薛奎的女儿。婚姻关系通常会加强个人的政治联系，但并非绝对，欧阳修的婚姻就属于后者。景祐三年（1036年），改革者范仲淹抨击宰相吕夷简，胥偃支持好友吕夷简，然而，一直受胥偃栽培提携的欧阳修却站在范仲淹一边。对欧阳修来说，政治原则先于戚谊之私，但胥偃至死都没有原谅他。胥偃的辞世使欧阳修遭受了锥心之痛，因为他报答恩师的愿望再也无法实现了。[12]通过第二次婚姻，欧阳修与王拱辰成为连襟，王拱辰同样于天圣八年（1030年）中进士第并迎娶了薛奎的女儿。但王拱辰在其仕宦生涯中一直强硬反对所有改革者。[13]

中进士第后，欧阳修被派到洛阳任职西京留守推官。数百年来，洛阳一直是中国北方重要的文化之都。作为政府低级官员，欧阳修工作清闲，故而拥有大量时间进行写作并参与社交活动。[14]几位享有文学盛名的同僚对他帮助极大。欧阳修向杰出的作家和史学家尹洙学习如何写作优秀的古文，在这一过程中，欧阳修既在精神上追随韩愈以及其他早期古文大师，同时又发展了自身的写作技巧。梅尧臣或许是当时最为杰出的诗人，在他的鼓励下，欧阳修不仅在传统诗歌形式而且在日益流行的宋词创作上，都达到了炉火纯青的程度。欧阳修在散文和诗词两方面的进步非常迅速，以至于他的文学盛名很快就与其友人不相上下。

除文学以外，欧阳修还与朋友们一起研究和探讨了多个主题：儒家经典、哲学（他们偶尔会与一些高僧进行讨论）的阐释以及一些实际问题，尤其是军事问题。[15]宋帝国在北部边境从未取得过优势，在欧阳修及其友人看来，由于朝廷的和议政策，国家在北部边境的力量正日渐羸弱。[16]年轻的欧阳修怀揣着有朝一日投笔从戎的梦想，[17]渴望与所有了解军事问题的人交友。令他印象最深的是一位富有潜力的军事统帅石延年（表字曼卿，更为人知）。石延年博学多才且威猛刚健,洒脱奔放且令人振奋,同时他又酒量惊人,嗜酒如命。石延年因为太过离经叛道而无法取悦大多数人,尚未得到施展才华的机会就英年早逝。[18]石延年的至交好友是僧侣释秘演,在为释秘演所作的诗集的序言中,欧阳修对由于乏人关注而空负一身才华的石延年深表痛惜:

然犹以谓国家臣一四海,休兵革,养息天下以无事者四十年,而智谋雄伟非常之士,无所用其能者,往往伏而不出,山林屠贩,必有老死而世莫见者,欲从而求之不可得。

其后得吾亡友石曼卿。曼卿为人,廓然有大志,时人不能用其材,曼卿亦不屈以求合。无所放其意,则往往从布衣野老酣嬉,淋漓颠倒而不厌。[19]

欧阳修一直未能实现其年轻时的军事抱负,但他却一直乐于交友,并从中发现"天下奇士"。任翰林学士时,欧阳修随身携带数十张空白拜帖,每当听到某个陌生人备受赞誉,欧阳修就会打听此人的住址,递交拜帖,然后前去拜访。欧阳修保持了这一习惯多年。[20]若确定某人极具潜力,即使是辗转通过友人得知的消息,只要觉得友人的判断可靠,欧阳修就会把这位新人举荐给能够提供帮助之人。欧阳修用这种方式帮助了整整一代年轻才子,这种做法完全符合儒学宗旨，即君子是国家与社会的基本财富；从心理上来说，欧阳修乐于助人的部分原因可能来自他在孤独的青年时代进行过的种种奋斗。无论如何，欧阳修似乎是一个既开朗外向又精力充沛的人，既喜欢生动的交谈，又热爱严肃的探讨。

在洛阳的数年岁月是他一生中最愉快的时光。对欧阳修来说，学习与写作似乎和美酒佳人及欢歌笑语完美地融合在一起。[21]然而，据说他和娼妓往来亲密，妨碍了履行公务。上司们接连劝说他放弃这段关系，以免生出丑闻，但欧阳修依然我行我素。[22]当时，欧阳修的放纵并未产生严重后果，但数年之后，他的政治对手却利用这件事对欧阳修发起了攻击。

欧阳修的远大抱负和活跃个性很快就使其卷入了政治争议，即庆历新政之前，发生在范仲淹与吕夷简之间的冲突。这实质上是新儒学与宋朝既定秩序之间爆发的首次冲突，当时新儒学正在蓬勃发展，而既定秩序此前从未遭遇过挑战。虽然范仲淹的出身比欧阳修还要卑微，但他通过努力得以脱颖而出。他的名言——先天下之忧而忧，后天下之乐而乐——显示了他不懈奋斗的精神。[23]范仲淹无所畏惧地反复跨越种种常规限制，抛开对仕途的担忧，公开指出国家存在的弊病，并从文人的角度对他认为朝廷偏离儒家学说的诸般做法提出批评，而他所跨越的这些限制通常会阻碍低级士大夫这么做。

宋仁宗天圣七年（1029年），在范仲淹入仕早年，他反对垂帘听政的皇太后及宰相，坚持认为年轻的宋仁宗不应如百官一样，在皇太后寿辰之日向她行跪拜之礼。[24]这次大胆的抗议行为备受瞩目，引起了广泛关注，范仲淹被贬黜离京，但那些钦佩他勇于捍卫帝王尊严的人将范仲淹被朝廷贬黜视为"荣贬"。明道二年（1033年），已经亲政的宋仁宗将范仲淹召回，并让他担任谏官。对宋仁宗的感激并没有让范仲淹缄口不言。不久之后，他就批评宋仁宗废黜皇后的做法有失公允，并含蓄地指出吕夷简在此事背后推波助澜。[25]范仲淹此举的直接后果是他第二次被"荣贬"。

范仲淹的抗议为其他类似争议埋下了伏笔。从表面看，这些争议是权力斗争的一部分：范仲淹及其他以意识形态为导向的士大夫们与皇帝及其宰辅大臣之间的斗争，这些争议的背后却是阶级与地区的对立。大多数宰辅大臣都是出身高贵的北方人，而很多直抒己见的士大夫却是出身卑微的南方人。但导致这些争议的根本原因，是宋朝这个儒教国家在意识形态和权力结构之间存在的固有矛盾。理想主义者们想要在政策制定中获得正式发言权，而国家需要的是由既有能力又忠心耿耿的官员去执行其既定政策。

范仲淹被贬至苏州，在那里他向世人证明了自己从政极为成功，特别是在水利发展方面。景祐二年（1035年），他被召回都城，任权知开封府，尽管这并不完全是一个可以上朝议政的职位，却便于他入朝。[26]次年，范仲淹向皇帝进呈"四论"（一论帝王好尚，二论选贤任能，三论近名，四论推委臣下。——译者注），劝谏皇帝必须重视贤德官员的价值；选拔学识与能力兼备的官员在朝廷任职；接受这些官员的建议在思想上所具有的权威性；根据他们的职责赋予其相应的权力，而不是将权力集中于皇帝一人或其宰相手中。范仲淹还向皇帝进呈了《百官图》，该图显示了吕夷简在官员任命中偏袒私人。宋仁宗认为范仲淹的这些上疏和这张《百官图》是在指责他本人及宰相治国失当，第三次贬黜了范仲淹。[27]仁宗的这一做法在官僚内造就了一个反对阵营，那些同情范仲淹的士大夫们为了维护自身的思想独立性而紧密团结在了一起，而且他们还相互鼓励，继续批评吕夷简主导下的政策方针。

吕夷简在很多方面都堪称文官典范。凭借家庭背景和长年仕宦经验，吕夷简熟悉政府错综复杂的各项事务，作为一丝不苟的长官和老练的政治家，他赢得了人们的广泛尊重。²⁸吕夷简的主要政绩之一是编修行政手册，概括了所有官僚机构的规章制度和先例，目的是防止有人利用后来的制度来规避之前的制度。吕夷简尤其擅长处理朝堂上的棘手问题。正是他悄悄告诫皇太后要善待养子仁宗，以免其家人在她百年之后遭到报复。²⁹后来，仁宗亲政时，皇后向仁宗提议，吕夷简和刘太后走得过近，不应得到信任。仁宗暂时将其罢相，但很快就意识到，由于吕夷简拥有长期朝堂问政的经验，他可能是宰相的最佳人选。复相之后，吕夷简支持仁宗废黜了皇后，此举一半是为了取悦仁宗，一半是为了报复皇后。尽管吕夷简因在废后事件中所扮演的角色而饱受批评，但他当时的其他一些行为并不为人所知。皇后被废之后，吕夷简慎重地说服皇帝立即另立了新后，因为吕夷简清楚地看到，如果不马上另立新后，仁宗与多名嫔御的情爱关系，很快就会给朝堂带来比正常情况下更多的分歧与阴谋。吕夷简可能对朝堂生活过于投入，因此他在政策问题上几乎没有任何建树，而范仲淹及其他理想主义新儒家却对政策问题最为关注。³⁰

直到景祐三年（1036年），吕夷简一直牢牢占据着保守的北方官僚公认的领袖地位。在吕夷简看来，新一代雄心勃勃的南方士大夫是对现状的威胁，但他依然决心要维持现状。北方人牢牢控制着国家行政机关，这足以妨碍范仲淹及其友人在行政部门获得更多的权力；因此，展示卓越的学术水平成了范仲淹等人扩大影响力的唯一方法，这就意味着他们要对儒家理论提出新的挑战性解读，或者巧妙利用士大夫们在向政府提出反对意见时所享有的批判特权。这种批评滋生了朝廷企图让批评者噤声的企图，双方最终形成了两个羽翼丰满的朋党；他们之间的冲突变成了激烈的斗争。[31]

欧阳修很快就卷入了这场党争的暴风骤雨中。范仲淹遭遇第二次贬谪时，欧阳修从洛阳写信给他，鼓励他不要丧失信心。[32]在洛阳任满后，欧阳修被委派到学士院。当时，范仲淹也再次回到都城任职，两人自此逐渐成为至交好友。两人一致认为，为了取得成效，或者至少为了引起人们的注意，范仲淹必须用批评来突破传统的官僚渠道。[33]景祐三年（1036年），范仲淹恰恰就是这么做的。权知开封府，范仲淹无需对皇帝及其宰相处理政务的方式提出批评。他这样做，无视了正当程序的相关规则。吕夷简意识到，绝不能容许范仲淹的这一行为成为先例。因此，不仅范仲淹受到了贬谪，朝廷还发布了一项禁止谏官之外所有官员越职言事的特别禁令。这一举措引出了行使批评特权这一问题。一方面，此项禁令在传统儒家价值观中有服从等级秩序的正当性；另一方面，它又与同样重要而典型的新儒家信仰相抵触：忠诚要求士大夫们开诚布公地提出意见。在欧阳修看来，禁令是压制贤士的一种举措。大多数同僚奴颜婢膝的沉默和软弱无力的反应令他倍感愤慨。[34] 但他如何才能采取行动？禁令问题远远超出欧阳修卑微的职责范围，如果在这个问题上发表评论，那他本人就会违反这项禁令。最后，欧阳修抨击了吕夷简的主要支持者高若讷，指责他没有出面反对这一禁令。高若讷是北方人，作为谏官，他有权就这项禁令公开发表意见。[35]欧阳修用极具侮辱性的措辞致信高若讷：

前日范希文贬官后，与足下相见于安道家。足下诋诮希文为人……希文平生刚正、好学、通古今，其立朝有本末，天下所共知……遂随而诋之，以为当黜……身惜官位……不敢一忤宰相以近刑祸……且希文果不贤邪？……当其骤用时，何不一为天子辨其不贤，反默默无一语；待其自败，然后随而非之……前日又闻御史台榜朝堂，戒百官不得越职言事，是可言者惟谏臣尔。若足下又遂不言，是天下无得言者也。足下在其位而不言，便当去之……足下犹能以面目见士大夫，出入朝中称谏官，是足下不复知人间有羞耻事尔……愿足下直携此书于朝，使正予罪而诛之！[36]

高若讷泪流满面地携带这封信入朝觐见，哭诉他所遭受的蓄意羞辱。吕夷简因为自身权威受到间接挑战而不得不采取行动，但他意识到，像欧阳修这样出类拔萃的年轻人有朝一日必会身居高位，因此不想表现得过于严厉，所以他只是将欧阳修贬谪到夷陵县。夷陵县位于长江三峡下游，距离欧阳修长大成人的随州不算太远。

欧阳修遭遇的这次挫折也算是塞翁失马。首先，欧阳修在南方阵营中的声望得到了极大提升。著名士大夫蔡襄作了一首广为流传的诗，来赞扬范仲淹、欧阳修及其老友尹洙和余靖的独立立场，上述几人几乎均在同一时间受到了贬谪。[37]这首诗还将高若讷痛斥为毫无羞耻心的不肖之徒。欧阳修没有因为此次贬谪而自怨自艾或怨天尤人，他把自己在夷陵的数年光阴都投入到学习和思考之中。由于许多学者一直都对《旧五代史》深感失望，他开始争分夺秒地撰写一部《新五代史》。这本著作最终使欧阳修被誉为杰出的史学家，该书被正式纳为正史，而这对于私人作品来说绝对是一种殊荣。[38]欧阳修还对政府中存在的问题进行了深入思考，并很快得出结论：作为出色的行政人员，很大程度上取决于他在实践方面掌握的实际知识，以及执行政策可能用到的各种方法与手段，单凭儒家理论和崇高理想难以成功。这一结论使他拟定了一套新的行政制度，其相关内容将在后面的章节中讨论。这一结论也改变了欧阳修的政治观点。回想起来，欧阳修意识到自己在攻击对手时确实有失冷静，而且在批评对手的政策时应该更积极有效才行。[39]以后他会用现实主义来缓和理想主义，充分考虑相反意见，考虑到实际存在的困难，会实行温和的改革，而不是做出言辞浮夸但缺乏实效的姿态。

康定元年（1040年），宋帝国的属国西夏宣布独立，并开始入侵宋朝的西北边境地区。当时，景祐三年（1036年）激起的朝廷官员的对立情绪已基本趋于缓和，外部军事威胁的出现也使人们希望缓解内部的政治分歧。在两派和解过程中发挥最大作用的人是韩琦。他是一位出身高贵的北方人，也曾在南方度过了漫长岁月。无论是作为地方官还是言官，他均有上佳表现。韩琦既与当权者有着共同的背景，也怀抱反对派的崇高理想，故而得到了所有人的尊敬。当西夏开始入侵时，韩琦建议将守卫西北防线的重任交给范仲淹这样有勇有谋之人。韩琦承诺，如果最后证明选择范仲淹是一个错误，他本人甘愿受罚。[40]对于这一提议，吕夷简表现出他特有的温和态度。他了解范仲淹及其朋友们，自遭受挫折以来，他们历经多年的岁月磨砺，已经获得了极高声望，绝不可能被永远压制。此外，他们极有能力，在与日俱增的危机中，让他们为国效力将尤为重要。或许吕夷简也一直在考虑为他几个儿子的未来仕宦生涯提供保护，因为儿子们与他的许多政治对手年龄相仿。[41]无论如何，吕夷简不仅支持韩琦的提议，而且建议给范仲淹的职位比韩琦提议的还要高。接下来范仲淹需要表明和解态度了。走马上任伊始，由于远离朝堂而无法自辩，范仲淹几乎不能给对手留下在朝堂上攻击他的机会。范仲淹正式修书给吕夷简，为双方之前的冲突致歉，他称赞吕夷简心胸开阔，不计前嫌。范仲淹甚至还表示，希望双方以后可以精诚合作，并举出了唐朝的先例，当时两位长期不和的官员郭子仪与李晟为了国家的利益弥合了彼此之间的分歧。[42]

范仲淹的几位友人也被授予了新的职位，他们也向吕夷简做出了和解的姿态。欧阳修希望任武职，却未能如愿。范仲淹举荐他任掌书记一职，但欧阳修拒绝了。在写给范仲淹的信中，欧阳修说道：

若夫参决军谋，经画财利，料敌制胜，在于幕府苟不乏人，则军书奏记一末事耳，有不待修而堪者矣……况今世人所谓四六者，非修所好，少为进士时不免作之，自及第，遂弃不复作。在西京佐三相幕府,于职当作,亦不为作。[43]

欧阳修的拒绝为他赢得了众多赞誉,他们将此解读为欧阳修虽甘愿与范仲淹一起遭受贬谪,却不愿通过范仲淹的影响来获得升迁,这两者对欧阳修来说都是原则问题。实际上,就像欧阳修写给好友梅尧臣的信中所言,他不介意为范仲淹工作,也没有受到其他人所说的欧阳修与范仲淹一起共事会引发朋党之争这种不实之说的干扰。但他绝不会担任区区文书之职,因为他认为这样的职位是对他能力含蓄的低估。不管怎样,欧阳修还是从政治氛围的变化中得到了好处。显而易见,欧阳修的学术进步得到了认可,很快被任命编修《崇文总目》。在这项工作完成时,他又再次获得了升迁。[44]

在本章的结尾部分应该提一下多年以后发生的一件事。范仲淹死后,范氏家族请欧阳修为其撰写神道碑铭。欧阳修撰写这篇碑铭耗费了长达两年的时间,中间进行了多次修改,并与范仲淹的好友尤其是韩琦进行了反复沟通。其中主要困难是如何描述范仲淹与吕夷简之间的和解。范仲淹在那时不仅被视为完人,还是道德"君子"。他的仰慕者依照儒家思想对君子、小人的二分法,将吕夷简视为"小人"。他们因此认为,范仲淹从未向吕夷简做出过和解的姿态；如果范仲淹曾做出和解姿态，就意味着他无懈可击的完美道德形象大打折扣。欧阳修拒绝遵从这种观点。回首往事，欧阳修并不认为吕夷简是卑劣之人，而且他也不打算掩盖重要的历史事实。不仅如此，欧阳修还曾听范仲淹在晚年亲口表示，他不再对任何人抱有持久的怨恨。对欧阳修来说，这种人生态度彰显出一种真正伟大的精神。[45]于是，欧阳修为范仲淹写的神道碑铭手稿中出现了如下非常中肯的一段话："于是二公欢然相约，戮力平贼。天下之士皆以此多二公，然朋党之论遂起而不能止。"[46]

范仲淹的儿子们删除了神道碑中的这段话，还删除了范仲淹文集中写给吕夷简的和解信。范仲淹的老友富弼单独为范仲淹撰写了墓志铭，暗示欧阳修出于政治考虑，未能"明白其词"使"善恶焕然"，欧阳修则据理力争："范文正公神道碑事……于范公见德量包宇宙，忠义先国家。于吕公事各纪实。"[47]

在其后一代又一代的众多学者眼中，范仲淹的地位甚至更为崇高，而他们发现欧阳修的叙述令人非常苦恼，故而经常质疑其准确性。只有几位思维异常敏锐的士大夫方能理解欧阳修的写法。比如苏东坡的父亲苏洵就指出，欧阳修善解人意，值得尊重。[48]北宋末年的叶梦得则写道：

"文忠盖录其本意，而丞相兄弟不得不正其末。"[49]实际上，范仲淹的和解姿态并未带来真正的合作，他继续谨慎行事，而吕夷简也安排其他官员在他身上找碴儿挑错。[50]

虽然朱熹经常对欧阳修持批评态度，但他也称赞欧阳修的这段叙述基于"大节"，并驳斥了关于欧阳修由于与吕夷简之子交好而不对吕夷简予以批评的猜测：

欧阳公亦识其意而特书之。盖吕公前日之贬范公，自为可罪。而今日之起范公，自为可书。二者各记其实，而美恶初不相掩……所书但记解仇之一事，而未尝并誉其他美，则其斥逐忠贤之罪，亦未免于所谓欲盖弥彰者。[51]

欧阳修并未作出任何暗示，表明和解实际上已经达成；毕竟神道碑在提及双方的合作承诺之后立即指出，尽管如此，朋党之争仍在继续。欧阳修没有对吕夷简作出过高评价，但后来一代又一代抱有狭隘教条主义思想的许多新儒家学者却如此认为，其实他们的这种看法是错误的。虽然吕夷简是政治对手，欧阳修依然以一种博大宽广的胸怀、公平公正的胸襟和悲天悯人的理解态度来简单描写吕夷简。

1 [日]青山定雄:《五代宋に於ける江西の新興官僚》(亦见《王临川集》第90册第68—69页、第92册第77—80页、第84—85页、第93册第86—88页)。

2 岑仲勉:《元和姓纂四校记》,亦见本书第八章。

3 欧阳修:《欧阳永叔集》第4册;《尚书都官员外郎欧阳公墓志铭》,第12—14页;《欧阳氏谱图序》第8册,第98页。

4 欧阳修:《欧阳永叔集》第3册《泷冈阡表》,第99—102页。

5 欧阳修的父亲显然在之前的婚姻中还有一个儿子,但这并不为人所知。见丁传靖:《宋人轶事汇编》卷8,第342—343页;王明清:《挥麈后录》卷6,第11—12页;李心传:《旧闻证误》卷2,第9页。

6 《随州志》卷21,第35页;《庐陵县志》卷16,第5—6页。

7 《庐陵县志》卷16,第6—7页;洪迈《容斋续笔》卷16,第153—154页。

8 《庐陵县志》卷89,第94页。

9 苏辙《栾城先生遗言》卷2;叶梦得《石林燕语》卷10,第10页。

10 《宋史》卷294《胥偃传》,欧阳修《欧阳永叔集》第11册《上胥学士启》(第44—51页)。

11 清水茂《北宋名人的姻戚关系》。欧阳修《欧阳永叔集》第7册《胥氏夫人墓志铭》,第102—103页,第11册《上胥学士启》,第44—47页。吴曾《能改斋漫录》卷14,第359—360页。

12 《宋史》卷294《胥偃传》;李焘:《续资治通鉴长编》卷118,第2—3页;欧阳修:《欧阳永叔集》第8册《与刁景纯学士书》,第68—69页;《增订欧阳文忠公年谱》,第3页。

13 邵伯温《邵氏闻见录》卷8,第4—5页(亦见欧阳修《欧阳永叔集》第11册《代王状元谢及第启》,第52—53页)。

14 《宋史》卷319《欧阳修传》,亦见第十章。

15 欧阳修:《欧阳永叔集》第2册《送徐生之渑池》,第17页;第6册《七交七首》,第40—41页。

16 欧阳修:《欧阳永叔集》第4册《张子野墓志铭》,第15—17页;《尹师鲁墓志铭》,第26页;梅尧臣《宛陵先生集》附录4。

17 欧阳修《欧阳永叔集》第6册《绿竹堂独饮》,第46页(亦见李焘《续资治通鉴长编》卷204,第5页)。

18 《宋史》卷442《石延年传》。欧阳修:《欧阳永叔集》第1册《哭曼卿》,第10页;第3册《太子太师致仕赠司空兼侍中文惠陈公神道碑》,第48页;第14册《归田录》,第106页。王辟之:《渑水燕谈录》卷4,第6页;韩琦:《韩魏公集》卷20,第286页(《宋史·石延年传》:"延年为人,跌宕任气节,读书通大略,为文劲健,于诗最工而善书……延年喜剧饮，尝与刘潜造王氏酒楼对饮，终日不交一言。王氏怪其饮多，以为非常人，益奉美酒肴果，二人饮啖自若，至夕无酒色，相揖而去。明日，都下传王氏酒楼有二仙来饮，已乃知刘、石也。"）。

19 Birch(1965)，366；欧阳修：《欧阳永叔集》第5册《释秘演诗集序》，第48—49页。

20 李心传：《旧闻证误》卷3，第21页。

21 李焘：《续资治通鉴长编》卷114，第21—22页；卷115，第23页。亦见欧阳修的奏议，见《欧阳永叔集》第8册《答孙正之第二书》，第67页。

22 《随州志》，第3—4页；潘永因《宋稗类钞》卷4，第64页；邵伯温《邵氏闻见录》卷8，第6页；王辟之《渑水燕谈录》卷4，第5页。

23 De Bary et al.(1960)，448（参阅晁说之：《晁氏客语》，第14页；李焘：《续资治通鉴长编》卷275，第11页；范公偁：《过庭录》，第7页）。

24 司马光：《涑水记闻》卷10，第2页；田况：《儒林公议》卷上，第24—25页（参阅范仲淹：《范文正公集》卷8《上资政晏侍郎书》，第19—25页；李焘：《续资治通鉴长编》卷108，第13页）。

25 田况：《儒林公议》下卷，第4—6页；《宋史》卷314《范仲淹传》；李焘：《续资治通鉴长编》卷113，第15—20页；杨仲良：《通鉴长编纪事本末》卷33。

26 李焘：《续资治通鉴长编》卷115，第10页。

27 《宋史》卷314《范仲淹传》；李焘：《续资治通鉴长编》卷118，第9—10页；杨仲良《通鉴长编纪事本末》卷37；李心传：《旧闻证误》卷2，第2页；李元纲《厚德录》卷4，第10—11页；丁传靖：《宋人轶事汇编》卷8，第309页。

28 《范文正公集》卷5，第24页，《涑水记闻》卷3，第6—9页。

29 《宋史》卷311《吕夷简传》；《邵氏闻见录》卷8，第1—2页；《东轩笔录》卷3，第8页。

30 《韩魏公集》卷20，第269页。《宋史》卷311《吕夷简传》；《宋史新编》卷39。《通鉴长编纪事本末》卷29，第13—14页；卷37，第1—20页。《栾城集》卷36《论台谏论事留中不行状》，第1—11页。

31 《通鉴长编纪事本末》卷37；《宋史》卷288《高若讷传》；钱穆《国史大纲》下册，第377—429页；J. Liu(1957)；J. Liu(1959)，chap. 2；《东轩笔录》卷14，第10页。

32 《欧阳永叔集》第8册《上范司谏书》，第41—43页，第53页[Locke(1951)，76—77；《范文正公集》卷18《举欧阳修充经略掌书记状》，第3页；《宋史》卷314《范仲淹传》]。

33 《宋史》卷294《胥偃传》；《续资治通鉴长编》卷118，第2—3页。

34 《欧阳永叔集》第8册《与尹师鲁书》，第59页；《渑水燕谈录》卷2，第5页；《涑水记闻》"逸文"，第1页。

35　《宋史》卷288《高若讷传》。

36　《欧阳永叔集》第8册《与高司谏书》，第56—58页［《续资治通鉴长编》卷118，第12—13页；Locke(1951)，82—88］。

37　《蔡忠惠公文集》卷3《四贤一不肖诗》，第3—9页。

38　《欧阳永叔集》第8册《与尹师鲁书》，第60—61页，Nivison(1959)，19—20；亦见本书下文第八章。

39　《欧阳永叔集》第8册《与尹师鲁书》，第64页。

40　《韩魏公集》卷10《家传》，第163页。

41　《范文正公集》卷5，第20页。《朱子语类》卷129《本朝三》，第2—3页。《宋史》卷311《吕夷简传》。《宋史新编》卷39。《通鉴长编纪事本末》卷29，第13—14页；卷37，第1—20页。《栾城集》卷36《论台谏论事留中不行状》，第1—11页。

42　《范文正公集》卷5，第15页；《涑水记闻》卷8，第9—10页；《厚德录》卷1，第6—7页；续资治通鉴长编》卷127，第10页；《宋文鉴》卷113《上吕相公书》，第6—7页。

43　《河南文集》卷6《上吕相公书》，第4—11页；卷28《尹公墓表》，第10页。《范文正公集》卷18《举欧阳修充经略掌书记状》，第3页。《欧阳永叔集》第6册《答陕西安抚使范龙图辞辟命书》，第1—2页。

44　《欧阳永叔集》第17册《与梅圣俞》，第38页（《增订欧阳文忠公年谱》，第11页）；第

18册《行状》，第10页，第25页。《宋史》卷319《欧阳修传》。《续资治通鉴长编》卷127，第16页；卷134，第10页。

45　《避暑录话》卷2，第4页（《欧阳永叔集》第8册《欧阳氏谱图序》，第98页；第16册《与韩忠献王》，第80页）；《欧阳文忠公年谱》，第33—34页；《范文正公集·褒贤集》卷5，第2页。

46　《欧阳永叔集》第3册《资政殿学士户部侍郎文正范公神道碑铭》，第52页。

47　《欧阳永叔集》第3册《资政殿学士户部侍郎文正范公神道碑》，第54页；第8册《与杜䜣论祁公墓志书》，第79页；第17册《与滍池徐宰》，第56页。《金石萃编》卷134，第31—36页，第40—41页。《范文正公集·褒贤集》卷5，第16页。《邵氏闻见后录》卷21，第1—2页。

48　《龙川别志》卷1，第12页。《欧阳永叔集》第3册《资政殿学士户部侍郎文正范公神道碑》，第54页（《范文正公集》卷9，第13—16页；卷18，第3—4页。《范文正公集·褒贤集》卷5，第23页。《避暑录话》卷3，第34页）。

49　《避暑录话》卷2，第4页。

50　《避暑录话》卷2，第4页；《步里客谈》卷上，第1页；《名臣言行录·前录》卷6，第56页；［日］宫崎市定：《宋代の士风》。

51　《南窗纪谈》，第7页；《朱子语类》卷129《本朝三》，第2—3页（《范文正公集·褒贤集》卷5，第16—23页）。

FOUR
THE MINOR REFORM
第四章 庆历新政

除非有令人信服的理由或发生了异常情况，否则中国历史上鲜少发生改革。庆历新政是宋朝的首次改革。传统历史对此次改革的记载往往给人这样一种印象：由于韩琦和范仲淹组织得当，有效抵御了西夏入侵，且两人在改革中展现出杰出能力，因此被召回朝堂，还被赋予了对整个国家体制进行改善的全权。[1]实际上，触发这次改革的原因是一系列前所未有的危机。

西夏在西北的入侵引发了一种令人不安的局势，而北方的辽帝国趁火打劫，威胁要对宋朝开战。[2]不仅如此，宋帝国内部也危机四伏：盗贼日渐猖獗，有些甚至就出现在都城附近。由王伦领导的暴乱在宋朝历史上首次达到了叛乱的规模。[3]在许多地方，胆大妄为的盗贼和叛乱分子，无论规模大小，几乎都未在当地遭遇有效抵抗。他们轻而易举地"建旗鸣鼓，白日入城"。[4]宋朝一直以来秉承将最精锐的部队集中于几个战略要地的政策，为此付出了极其高昂的代价。[5]许多地方政府官吏不但没有竭尽所能地组织开展相应防御，反而恬不知耻地试图收买盗贼，以便保全自己，"或敛物献送，或望贼奔迎，或献送兵甲，或同饮宴"。[6]

根据《续资治通鉴长编》记载，王伦发动暴乱后，韩琦和范仲淹立即接到了入朝为官的任命。[7]这一时间顺序的描述经过了深思熟虑，暗示了两者之间的因果关系。欧阳修去世不久，《神宗实录·欧阳修传》中将这种联系阐述得十分明确。"是时西师久，京东西群盗起，中外骚然。仁宗既进退大臣，欲遂改更诸事。范仲淹、杜衍、韩琦、富弼皆辅政。修屡请召对咨访，责以所为"。[8]召回那些成功抵御边境入侵之人并让他们守卫朝堂，完全是自然之举。

即使如此，在皇帝采取行动之前，此举仍然引发了尖锐的批评，有人还反复举荐他人。康定元年(1040年)，废除了景祐三年(1036年)颁布的禁止官员越权言事的禁令，直到那时，一些官员才开始在奏疏中对那些当权之人表达不满。普通百姓也进呈了强烈批评政府的请愿书。[9]吕夷简备受打击，最终于庆历三年(1043年)春辞去相位。由于皇帝一直都很信任吕夷简，便授予其军国大事与中书、枢密院同议这种半致仕特权，而吕夷简的批评者们，尤其是蔡襄，对此予以坚决反对。[10]吕夷简罢相后不久，欧阳修被任命为言官，他上任伊始进呈的札子中声称，吕夷简享受到人臣的大富贵，但将天下的大忧患留给皇帝。欧阳修认为，不应给予吕夷简参与讨论朝廷军国大事的特权，从而让其有机会继续操纵朝政。欧阳修的这次进谏说服了宋仁宗免除了吕夷简的这一特权。[11]

随着吕夷简被彻底罢黜，朝堂上的权力暂时被数名高官瓜分，而他们全都不愿尝试改变。他们当中的晏殊最初曾提携范仲淹，现在却觉得范仲淹好言取名，而且他认为欧阳修"论事频数"。[12]另外，章得象假装未曾听到关于改进的建议。他告诉朋友们，那些"勇于事"的人就像"跳踯戏剧"的小儿，"不可诃止，俟其抵触墙壁，自退耳"。章得象虽然没有公开反对这些改革者，却试图在幕后加以破坏，从而确保自身政治生命更持久。[13]另一位大权在握的宰相贾昌朝是保守的北方人，他与后宫保持着亲密的关系，并与内侍交好，但他对要求改革的官员毫无同情之心。[14]

起初，韩琦和范仲淹都被任命为经略安抚副使。两人一再拒绝这些任命，因为他们不愿在当时的掌权者手下任职，最终却不得不服从命令。[15]就在他们前往都城的途中，朝堂之上正在酝酿阴谋。安抚使夏竦过去曾多次与韩琦和范仲淹产生分歧，吕夷简的致仕给了夏竦担任宰相的希望，但他在两个朋党之中都有政治对手，这些对手都在采取对他不利的行为。支持已经引退的吕夷简的王拱辰，连上十八道奏疏，不遗余力地攻击夏竦。著名学者石介非常钦佩韩琦和范仲淹。他固执己见且脾气暴躁，夜以继日地向言官们进言，大肆抨击夏竦，并成功说服其中数人公开反对夏竦。¹⁶夏竦对这些所谓过失进行了坚决否认,但根本无济于事,他被调到另外一个地区任职。接替他成为安抚使的杜衍对韩琦和范仲淹心怀同情。石介备受鼓舞,写诗庆祝朝廷对韩琦和范仲淹两位"进贤"和对夏竦"退奸",并将这首《庆历圣德颂》大肆传播。在韩琦和范仲淹到达京师之时,夏竦命人将石介这首诗抄下来交给他们,同时还传达了一条对他们半是抗议半是警告的口信。在夏竦看来,像石介这样鲁莽的支持者,绝不会让人感到舒适。就像人们后来看到的那样,夏竦的警告竟一语成谶。¹⁷

同时,韩琦和范仲淹的支持者们因胜利而备感兴奋,他们现在可以尽可能地发挥自身优势。韩琦和范仲淹履新仅数月,蔡襄和欧阳修就上书建议再次擢升他们担任宰辅大臣。当时,宋仁宗高度重视直言进谏,并在庆历三年(1043年)夏天赋予包括欧阳修在内的谏官超过以往任何时候更大的权力,允许他们每日上朝,参与政策审议。同时,仁宗还任命范仲淹担任参知政事,并且自此之后,他就像对待宰相一样对待范仲淹。因此,宰相之职实际上变成了一种有名无实的荣誉。¹⁸欧阳修很快又再次进谏,称皇帝应下令让范仲淹和韩琦将他们的政策目标和盘托出。仁宗再次应允。范仲淹和韩琦奉诏进入天章阁,写下了他们认为应当采取的措施。于是他们写下了这篇著名奏疏《答手诏条陈十事》，其中就包括欧阳修的一些想法。[19]

这篇奏疏提出的十点建议如下：

（1）明黜陟。严明官吏政绩考核，以便清除树大根深的无能官吏。

（2）抑侥幸。警惕徇私舞弊行为，首先要减少高官子嗣亲属通过恩荫特权获取官职的数量。

（3）精贡举。改革科举考试标准，由注重诗赋改为重视策论。

（4）择官长。谨慎选择地方官吏，因为他们有责任推举和保荐下属官员。

（5）均公田。增加地方官的职田数量，确保地方官拥有足够收入，从而最大限度地减少贿赂与压榨的诱惑。

（6）厚农桑。促进有益于农业生产的土地开垦和堤防修复，并采取措施提高粮食运输系统的效率。

（7）修武备。在农民之中创建地方民兵组织，以便加强内部秩序与外部防御。

（8）覃恩信。采取措施确保赦令得到充分执行，使得到此类赦免的人民对政府心存感激。

（9）重命令。消除制敕中的矛盾、漏洞与不公，并且自此之后坚持严格执法。

（10）减徭役。省并州县，减轻百姓负担。[20]

《答手诏条陈十事》为庆历新政拉开了帷幕。与25年后的熙宁变法相比，庆历新政只是一个温和的施政纲领，旨在于现有框架内实现改良，不主张对法律或政策作出任何重大变革。其目标是更为有效地控制官僚机构，以及任用更为合格的官吏。官吏们将获得更为丰厚的收入，以此激励他们取得更令人满意的政绩。尽管如此，此次改革仍然意义重大，因为这是完善宋朝国家体制的首次尝试，而这一体制自宋朝开国以来基本保持不变，并且从未遭到抨击。此次改革的启动是宋帝国首次公开承认国家体制已经严重腐朽，官僚们也变得树大根深，尸位素餐，思想僵化并一心逐利。

作为改革的关键人物，欧阳修事先告诫皇帝，必会有很多官僚反对改革。[21]招致最多反对的改革建议，当然是减少恩荫官员的人数。此前，每年将近有1000名年轻人不是通过科举制度而是通过关系入仕为官，一定级别以上的官员有权为其子嗣（甚至在其子嗣尚未成年时）以及亲戚、门客奏请官职。根据范仲淹的提议，这一特权仅限于一个子嗣，并且仅在皇室庆典之时方可奏请官职。其他亲戚仅赐官衔，并无职位。此外，那些通过各种此类恩荫为官之人，永远没有资格担任御史或翰林学士等高级职务。[22]

困扰这些树大根深的官僚们的另一项措施是科举考

试标准的改变,欧阳修在其中出力颇多。改革者们当时鼓励人们重新阐释古代经典,以儒家思想指导日常实践,还鼓励人们对古文散文进行热烈讨论,而欧阳修主导的对科举考试标准的改革,正是这一改革潮流的一部分。这一举动被很多反对派视为对其无能的暗讽。很多反对派的子弟和门生长期以来并未接受太多关于散文写作与治国之道的学习,难以适应新的考试标准,因此他们原本畅达的前途变得充满不确定性。而且,据反对派称,科举考试的新标准实际上是对那些不了解政务的考生的批评与讽刺。[23]

还有一个黜陟问题。改革的反对者们指责改革者提拔同道的做法本身,正属于他们正在假装消除的徇私舞弊行为。这些反对者声称,尽管像欧阳修这样的谏官举荐那些对他人猛烈攻击并夸大其词的人,理由是这些攻击彰显了他们的率直与勇敢,但这种举荐根本毫无道理可言。此外,有人认为,依赖举荐会降低士气。投机取巧的官员在急于向当权者献媚讨好的过程中会丧失所有尊严与诚信。[24]

欧阳修特别关注大量政绩不佳的地方官吏。即使在改革之前作为谏官第一次上殿时他就提出,有必要在每个地区任命专门的按察使,以便核查地方官吏政绩,"纠举年老、病患、赃污、不材四色之人",[25]然而,直到改革启动后，欧阳修的建议才得以实施，而且并未持续很长时间。反对派在暗中设法阻碍这项举措的执行。这些新任命的按察使虽然对有关官员作出了负面的政绩考核，但其可信性受到了严重质疑。欧阳修回应称，此类质疑本身很可疑。他说，"按察之任，人所难能。或大臣引荐之人，或权势侥幸之子……今按察者所奏，则未能施行，沮毁者一言，则便加轻信"。另一种批评称，按察"长奔竞之路"。欧阳修反驳道，这种批评毫无公正可言；只要涉及黜陟，任何国家体制都会遭受这种批评。[26]当这些反对意见出现时，改革者们已经丧失了权力。欧阳修的反驳被置之不理，朝廷随后下达命令，要求对地方官吏的核查既不能严苛，也不应蓄意挑剔，用典型的官僚措辞来说，这项命令意在避免违背"朕忠厚爱人之意"。[27]欧阳修赢得的最大收获，是他亲自按察黄河以东的河东路地区的建议得到批准。在那里，他纠正了许多行政方面的弊端，并罢黜了许多不称职的官员。[28]欧阳修评论道：若能"择官吏以办职事，裁侥倖以减浮费"，将会大大降低其他改革措施的必要性。[29]

至庆历三年（1043年）冬，虽然改革计划几乎停摆，仍然取得了一些明显的改进。财政状况开始出现好转，朝贡运输系统有所改善。[30]但正如欧阳修事先告诫的那样，对改革计划的抱怨和批评很快开始令仁宗忧心忡忡，到庆历四年（1044年）夏天，有迹象表明，仁宗关于改革的想法逐渐发生了转变。³¹仁宗决定与西夏和议导致反对改革的呼吁占据了上风。大多数官员都赞同这一决定，几位改革者的反对意见未能产生影响。紧接着发生了一系列微妙的人员洗牌。范仲淹受命被派往西夏边境地区任安抚使。另一位改革者富弼被派去执行一项重要任务，化解辽国的入侵威胁，而欧阳修本人则前往河东地区任职。随着国家安全不再面临外部或内部的威胁，皇帝似乎对改革失去了兴趣。同年冬，关于朋党之争的指控再次指向了改革者，范仲淹、韩琦、富弼及其他几人接连被从各自的重要职位上罢黜。庆历五年（1045年）春，改革措施几乎毫无例外地被全部废除，³²但朋党问题仍未平息。

从很大程度上来说，改革者自身应对其失败负责。他们中的大多数人可能未曾预见到，理论上可行的纲领实际上可能难以执行，且一旦执行可能会产生相当复杂的结果。此外，他们往往局限于自以为是之中，从而忽略自身的偏袒之失。他们的过度自信导致了过高的预期，并因此试图在尽可能短的时间内推行过多变革。他们自以为是的另一种表现是不能审慎地容忍其他观点，这在政治上是一种障碍，尤其对一个少数群体来说更是如此。例如，范仲淹"好善恶恶之性，不能以纤芥容"。欧阳修、富弼和尹洙总是旗帜鲜明地区分官员中的君子、小人。他们自然而然地陷入仇恨与敌意之中。[33]韩琦是唯一的例外：他性格沉稳，"只说情理，不自以为君子"。他也不会像很多改革领导者那样，摆出一副自命清高的样子，至少在政敌们看来，这些领导人的做派就是如此。韩琦的这些性格特点，再加上其完美的个人操守和卓越的北方人出身，使他最终得以东山再起，并提携了部分改革者。[34]改革的许多追随者有着与改革领导人同样的缺陷，批评他人时几乎毫不克制，以致引起了不必要的麻烦。[35]其中以石介为最甚，就连好友欧阳修都认为他过于自负与严苛，随时随地摆出一副自负的态度高高在上，罔顾由此造成的不良后果。自以为是和不容异己导致了徇私偏袒。例如，地方长官滕宗谅使用公使钱无度，朝廷派人开始调查，他竟公然烧毁相关记录。欧阳修最初坚持认为滕宗谅应该受到弹劾，范仲淹竭力为滕宗谅争取宽大处理，并说服欧阳修改变了立场，结果滕宗谅仅被降级并改任他职。[36]

改革者的这些行为和态度为反对者指责他们结党营私提供了充分理由。他们的死敌谴责改革者们对皇帝不敬甚至不忠。仁宗本来非常敬重和信任改革者，即使在庆历四年(1044年)夏天开始转变想法时，他仍然非常信任范仲淹,并直截了当地问他,他与朋友们是否如别人所言已结为朋党。范仲淹的回答很直率,或者说毫无策略。他说,自古以来君子和小人未尝不各为一党,至于这个党是忠是奸,需要皇帝明察。[37]他的回答明显并未令仁宗感到满意。欧阳修在意识到形势的严峻性之后,迅速进呈了他著名的奏疏《朋党论》。由于范仲淹没有否认改革者已自成朋党的说法,欧阳修也很难否认这一点。相反,欧阳修辩称,基于忠信和同道而结为朋党并无过错。鉴于朋党问题将在下一章进行探讨,故在此仅点到为止地指出,虽然欧阳修对朋党的见解令人印象深刻,但皇帝对此仍不满意。[38]

仁宗仍在思考时,内侍又使他想起了蔡襄于景祐三年(1036年)写的那首诗,该诗颂扬那些反对范仲淹第三次被贬的官员。内侍还声称,这首诗就是改革派结党已近十年的书面证据。内侍提醒仁宗,改革派现在遍布皇权左右,并控制了大部分行政机构;而且在接下来的数年之中改革派的追随者将占据所有关键职位,届时将无人与之对抗,甚至连皇帝都无法打破它对国家的控制。[39]这种阴谋论的指控显然是诽谤,却令仁宗深感不安。他越是询问改革者们的忠诚度,越是能听到针对他们的诸多指控,这也使他变得更加多疑。欧阳修就是在这时被派往河东地区的,而且另外的政敌也给了他们沉重一击。由于要为改革者崛起让路，夏竦之前受到降职处理，因此他早就计划一雪前耻。一年多来，他一直命婢女模仿石介的书法风格，书如其人，石介的书法明显具有标新立异的风格。如今夏竦伪造了一封石介写给富弼的书信，信中密谋策划推翻皇帝。夏竦清楚地知道，仁宗虽不相信此信的真实性，但景祐三年（1036年）流传的言辞模糊的传闻称，范仲淹包藏着此类祸心。[40]在累加作用下，这封书信和这些旧时传闻动摇了仁宗对改革者的信任。雪上加霜的是，又有几个内侍因富弼在其升迁问题上态度严厉而心存不满，故而继续含沙射影地诽谤范仲淹和富弼不忠。这最终导致仁宗派两人前去执行临时任务。[41]

虽然几位改革领袖于庆历三年（1043年）年底被贬出京，他们的追随者仍然具有影响力。[42]但在庆历四年（1044年）冬，苏舜钦、王益柔及其他几位年轻的改革支持者举行宴会，一番觥筹交错之后，他们吟诗唱赋，其中有几句无心之语似对皇帝有不敬之意。趋炎附势的李定因为没有受邀参宴而心怀不满，听闻这些歌赋之后，为了报复，他四处散布此事。此事很快就传到御史中丞王拱辰耳中。王拱辰之妻是欧阳修第二任妻子的姐姐，不过他既反对夏竦也反对改革者。在王拱辰这位专家的指导下，他手下的御史将此事罗织成对皇帝大不敬的案件，改革的支持者们很快就被逮捕入狱。[43]贾昌朝（名义上的宰相）及其他几位公卿大臣主张对这起事件进行犯罪调查，在韩琦的阻止下作罢，韩琦提醒他们说，年轻人醉酒之后行事荒唐似乎不算大罪。因此，这几个年轻人仅被降职，而没有受到法律制裁。但无论是韩琦还是其他任何人，都无法缓解皇帝对整个改革派的愤恨情绪。朝廷颁布诏令警告道，"属文之人，类亡体要，诋斥前圣，放肆异言。以讪上为能，以行怪为美。自今委中书门下御史台，采察以闻"。王拱辰口出狂言道："吾一举网尽矣。"[44]

显而易见，这是不祥之兆。远在西北地区的范仲淹意识到自己正在遭受间接攻击，并感到自己应当辞去参知政事一职。[45]一直暗中反对改革的章得象巧言陷害范仲淹，他提议，范仲淹"素有重名"，他一上奏请辞朝廷马上就批准，"恐天下皆谓陛下黜贤臣"，会留下恶劣的印象。"不若且赐诏不允"，看范仲淹是否诚心辞职。如果范仲淹就此向皇帝上表谢恩，则毫无疑问地表明，他不过是"挟诈要君"，惺惺作态而已，"乃可罢"。范仲淹直接落入已经铺就的陷阱中，"果奉表上谢"。仁宗从此不再信任范仲淹，当即将其贬为低级的知州。[46]

范仲淹的贬谪标志着改革的失败和改革者们名誉扫

地。皇帝选择的接替他们的几位宰辅大臣均为保守派,这些人根本无意于在政策问题上脱颖而出。他们仅仅只是以常规方式进行例行行政管理。[47]

然而,真正的稳定并未实现。官僚体制重新陷入停滞状态,朋党问题却仍未解决。

1　亦见《宋论》卷4,第4页。《续资治通鉴长编》卷138,第4—6页;卷194,第2—3页。《习学记言》卷47,第1517页。Fischer(1955)。

2　《续资治通鉴长编》卷135,第16页。

3　《续资治通鉴长编》卷135,第24—25页;卷142,第3—4页。《欧阳永叔集》第12册《论京西贼事札子》,第32—33页。《通鉴长编纪事本末》卷48,第1—4页;卷49,第4—8页(《宋代三次农民起义史料汇编》)。

4　《欧阳永叔集》第12册《论盗贼事宜札子》,第35页。

5　参阅G. W. Wang(1963)。

6　《欧阳永叔集》第12册《论江淮官吏札子》,第59页;《论捕贼赏罚札子》,第61页。

7　《续资治通鉴长编》卷142,第3—4页(《欧阳永叔集》第5册《外制集序》,第68—69页;第9册《外制集序》,第69页)。

8　《欧阳永叔集》第18册《神宗实录本传(墨本)》,第34页。关于草拟传记的性质,参阅L. S. Yang(1961),45—46。

9　《续资治通鉴长编》卷126,第12页,第25页。《国朝诸臣奏议》卷18《乞追寝戒越职言事诏书》,第6—9页。

10　《欧阳永叔集》第5册《六一居士传》,第78—79页。《续资治通鉴长编》卷137,第13页;卷138,第19页;卷139,第8—10页;卷140,第1页;《宋史》卷8—10页(《宋史》卷11《仁宗纪三》);《蔡忠惠公文集》卷14《乞降吕夷简致仕官秩》《乞罢吕夷简商量军国事》,第9—16页。

11　《欧阳永叔集》第12册《论吕夷简札子》,第37—39页;《宋史》卷11《仁宗纪三》(第37—39页,原误作第30—39页。——译者注)。

12　《续资治通鉴长编》卷140,第1,2页。卷152,第3页;《范文正公集》卷8,第19—25页(《韩魏公集》卷10《家传》,第161页)。

13　《韩魏公集》卷20《家传》,第269页;《宋人轶事汇编》卷7,第260页;《邵氏闻见后录》卷20,第3页;《续资治通鉴长编》卷154,第5—6页;《涑水记闻》卷10,第4页;《龙川别志》卷1,第10页。

14　《宋史》卷285《贾昌朝传》;《宋人轶事汇编》卷7,第251—252页。

15 《续资治通鉴长编》卷140，第5页；《韩魏公集》卷12《家传》，第183页；《欧阳永叔集》第12册《论王举正范仲淹等札子》，第14页。

16 《续资治通鉴长编》卷131，第1页；卷140，第7页；《东轩笔录》卷9，第7—9页；《宋人轶事汇编》卷7，第235—236页。关于石介，见《徂徕集》及下文第七章。

17 J. Liu(1957)，108；《徂徕集》卷1，第7—10页。《续资治通鉴长编》卷140，第6页、第11页；卷142，第2页。《宋史》卷432。《枫窗小牍》卷上，第8页。《避暑录话》卷2，第19页。

18 《蔡忠惠公文集》卷15，第10—11页；《欧阳永叔集》第12册《论王举正范仲淹等札子》，第14—15页；《栾城集》卷36《论台谏论事留中不行状》，第1—2页；《续资治通鉴长编》卷142，第19页、第21页；《宋文鉴》卷83《重修御史台记》，第6—9页。

19 《欧阳永叔集》第12册《论韩琦范仲淹乞赐召对事札子》，第3—4页；第18册《重修实录本传》，第40页。《神宗旧史本传》第46页。《续资治通鉴长编》卷141，第9页。

20 刘子健《欧阳修的治学与从政》，第171页。Buriks（1956）。de Bary et al.（1960），448—450。《续资治通鉴长编》卷143，第1—4页。《范文正公集·奏议》1，第1—16页；"补编"卷2，第14—15页。关于地方官员的任命，见 Kracke（1953），114，141—142；J. Liu（1957），120—122；《续资治通鉴长编》卷154，第8—9页；卷163，第9页。对差役的争论，见 J. Liu（1959），chap. 5。

21 《欧阳永叔集》第12册《论乞主张范仲淹富弼等行事札子》，第45—46页；《论内出手诏论六条札子》，第72页《续资治通鉴长编》卷144，第4页》。

22 J. Liu(1957)，112—113。《续资治通鉴长编》卷145，第8—11页；卷146，第6页。

23 《儒林公议》卷上，第14—16页、第9—11页；亦见下文第七章和第十章。

24 《续资治通鉴长编》卷141，第12—13页；卷144，第5页；卷146，第21页；卷154，第5—6页、第8—9页。《范文正公集·奏议》卷1，第18—24页、第42—44页；《文献通考》卷39《选举考十二》，第375页。

25 《欧阳永叔集》第12册《论按察官吏札子》，第1页；《论按察官吏第二状》，第7页；《续资治通鉴长编》卷141，第3—5页；亦见下文第九章。

26 《范文正公集·奏议》卷1《奏灾异后合行四事》，第47—50页。《续资治通鉴长编》卷141，第12—13页；卷146，第12—13页；卷151，第23—24页。《欧阳永叔集》第12册《再论陈洎等札子》，第48—49页；《论任人之体不可疑札子》，第89页；《论两制以上罢举转运使副省府推判官等状》，第99—100页。

27 《续资治通鉴长编》卷155，第4页、第13—16页；卷157，第7页；卷160，第9页（参阅《涑水记闻》卷11，第2—3页；《东轩笔录》卷13，第1—2页）。

28 《续资治通鉴长编》卷148，第8页；卷151，第18页；卷156，第3—4页。《欧阳永叔集》第13册《河东奉使奏草》，第63—134页；第14章《河北奉使奏草》，第1—18页（参阅《续资治通鉴长编》卷154，第12—13页）。

29 《欧阳永叔集》第14册《论河北财产上时相书》，第14—16页《续资治通鉴长编》卷156，第3—6页）；第18册《事迹》，第64页；《墓志铭》，第200页。亦见下文第九章。

30 《续资治通鉴长编》卷142—146；《宋史》卷11《仁宗纪三》；《欧阳永叔集》第4册《尚书户部侍郎参知政事赠右仆射文安王公墓志铭》，第63—64页、第72—73页（《续资治通鉴长编》卷139，第1—5页；卷140，第7—8页；卷141，第2—3页；卷148，第13页；卷188，第9—10页）。

31 《欧阳永叔集》第13册《乞力拒浮议终责任范仲淹等》，第8—10页。

32 《续资治通鉴长编》卷142，第8—28页；卷146，第10—11页；《宋史》卷11《仁宗纪三》。

33 《宋论》卷4，第4页，第26页；《韩魏公集》卷13《家传》，第193页（参阅《欧阳永叔集》第4册《太子太师致仕杜祁公墓志铭》，第53页；第12册《论杜衍范仲淹等罢政事状》，第103页。《续资治通鉴长编》卷155，第6—8页。）；"别录"卷20，第267页、第277页。

34 《韩魏公集》卷10《家传》，第196页；《韩忠献公年谱》，第41—42页。

35 《续资治通鉴长编》卷275，第11页关于王安石的评论。

36 《欧阳永叔集》第8册《与石推官第一书》，第47页；第12册《论燕度勘滕宗谅事张皇太过札子》，第54—55页。《徂徕集》卷15《答欧阳永叔书》，第3—6页。《儒林公议》卷上，第16页。《续资治通鉴长编》卷143，第24—26页；卷144，第10—12页；卷146，第1—4页、第11页、第14页；卷154，第5—6页。《涑水记闻》卷9，第10页。《梁溪漫志》卷8，第1—2页。《宋人轶事汇编》卷4，第14547页。《通鉴长编纪事本末》卷40，第2—4页。《范文正公集·奏议》卷7，第4页；卷2，第30—35页。《石林燕语》卷10，第10页。《过庭录》，第7页。

37 《续资治通鉴长编》卷148，第6页；《涑水记闻》卷10，第3页［参阅 J. Liu (1957)，26: Kracke (1953)，130 (n43)］。

38 《欧阳永叔集》第3册《朋党论》，第22页，de Bary et al. (1960)，第446—448页；J. Liu (1957)；《续资治通鉴长编》卷148，第6—8页。

39 内侍是蓝元振，其传记见《宋史》卷467，这则轶事中并未提及。可能见于《欧阳永叔

40 《续资治通鉴长编》卷150，第13—14页。《欧阳永叔集》第8册《与石推官第二书》，第48页；第14册《辨蔡襄异议》，第20页；《又三事》，第24页。《通鉴长编纪事本末》卷37，第23—24页。《宋史纪事本末》卷29，第6页。夏竦后来又对富弼和石介进行了恶毒的指控，虽然石介当时已经过世了。

41 《范忠宣公集》卷17《富弼行状》，第14页；《儒林公议》卷上，第27—28页。《续资治通鉴长编》卷150，第12页；卷151，第9页。

42 《续资治通鉴长编》卷150，第30—32页；卷152，第7—11页。

43 《梁溪漫志》卷8，第1—2页；《宋人轶事汇编》卷4，第145—147页。

44 《续资治通鉴长编》卷153，第2—4页。《通鉴长编纪事本末》卷38，第9—11页。《欧阳永叔集》第6册《答苏舜钦离京见寄》，第66页；第8册《与尹洙书》，第61页。《玉照新志》卷4，第9页。刘子健《梅尧臣〈碧云騢〉与庆历政争中的士风》。

45 《续资治通鉴长编》卷153，第4页。

46 《续资治通鉴长编》卷154，第5—9页；《涑水记闻》卷10，第4页。

47 《通鉴长编纪事本末》卷38，第15—21页；《朱子语类》卷129《本朝三》，第4—5页；《朱子全书》卷62，第27—28页。

FIVE
FACTIONALISM AND CRITICAL POWER
第五章
朋党之争与谏言权

像大多数人一样，以意识形态为导向的新儒家们，喜欢与志趣相投之人为伍。共同遭受的挫败感与受到的攻击使他们更加紧密地团结在一起。不过，他们的聚集更多体现在社交而不是政治层面。他们只在社会关系的背景下才讨论可取的政策和执行政策的最佳途径问题，也会不可避免地谈及执行政策的最佳官员问题。通常，团队领导者的地位要归功于追随者对其卓越素养的认可，即这种认可是领导者在社交场合中赢得的。当这个群体采取政治行动时，它相当于一个由友好同僚组成的松散集团。如果他们能够结成一个政治团体的话，就会使自身效率大幅提高，但帝王绝对禁止这种做法。孔子本人曾说过"君子群而不党"。因此，改革者们介于友人群和松散的政治团体之间：他们虽有一致的观点，却无法采取一致的行动。他们又十分脆弱，极易受到攻击，因为朋党历来都意味着阴谋和自私。专制帝王总是对任何可能给皇位带来压力或威胁其安全的团体心存疑虑，因此这样的团体可能总会被斥为一味追求自身利益而非国家利益的朋党。[1]

以意识形态为导向的群体应如何面对这一难题？他们是否应该否认相互间的共同纽带，并放弃这一共同纽带赋予他们的群体精神？如果他们不这么做，又如何才能避免被打上朋党的标签？范仲淹是接受这一标签并直面这一挑战的第一人。早在天圣七年（1029年）第一次遭贬时，他就辩称，君子与小人永远属于相互对立的两个朋党。[2]在景祐三年（1036年）的冲突中，吕夷简正式指控范仲淹及其支持者结党营私，让此前一直被视为个人过失的做法演变为群体罪行。顺便说一下，吕夷简在庆历元年（1041年）针对另外一群完全不同的政治对手也使用了相同的指控。[3]

吕夷简未曾预见的是，朋党这一标签居然会成为一种声望的象征。一些抱负远大又不计后果的士大夫以被认定为"范氏"党成员为傲。[4][1]他们的举动极大地增强了范仲淹的自信心。因此，当仁宗在庆历四年（1044年）就所谓的朋党问题向范仲淹发难时，他大胆重申了自己长期以来秉持的信念，并反问道："苟朋而为善，于国家何害也？"[5]不仅范仲淹一人如此，富弼和尹洙也在其他场合表达了类似的观点。[6]

范仲淹大胆答复了宋仁宗不久之后，欧阳修进呈了《朋党论》。这篇奏疏被认为对儒家思想做出了原创性的杰出贡献。它的标准英译名为"On Party"。其部分内容如下：

---

[1]　《王质传》："范仲淹贬饶州，治朋党方急，质独载酒往饯。或以诮质，质曰：'范公贤者，得为之党，幸矣。'世以此益贤之。"——译者注

臣闻朋党之说，自古有之，惟幸人君辨其君子小人而已。大凡君子与君子以同道为朋，小人与小人以同利为朋，此自然之理也。然臣谓小人无朋，惟君子则有之。其故何哉？小人所好者禄利也，所贪者财货也。当其同利之时，暂相党引以为朋者，伪也；及其见利而争先，或利尽而交疏，则反相贼害，虽其兄弟亲戚，不能自保。故臣谓小人无朋……君子则不然。所守者道义，所行者忠信，所惜者名节。以之修身，则同道而相益……同心而共济，终始如一，此君子之朋也。[7]

　　实际上，君子有党的思想并非出自欧阳修，而是出自范仲淹。但欧阳修加入了惊世骇俗的一点，即小人甚至连结党的能力都不具备。

　　几个世纪以来，无论是欧阳修的崇拜者还是批评者都极为重视这样一个事实，即欧阳修本人实际上并不相信这种说法。庆历五年（1045年）春，当改革领导人被罢黜离朝时，欧阳修仍在河东地区，他又进呈了一篇奏疏。在这篇奏疏中，欧阳修完全否认了改革者曾经结党的说法。由于第二篇奏疏在历史上完全被第一篇奏疏所掩盖，故而有必要详细引述其内容：

自古小人……欲广陷良善,则不过指为朋党。其故何也?夫去一善人而众善人尚在……欲尽去之……惟有指以为朋,则可一时尽逐。……四人（杜衍、范仲淹、韩琦和富弼）为性,既各不同,虽皆归于尽忠,而其所见各异,故于议事,多不相从……平日闲居,则相称美之不暇;为国议事,则公言廷诤而不私。以此而言,臣见衍等真得汉史所谓忠臣有不和之节,而小人谗为朋党,可谓诬矣。[8]

在其撰写的《新五代史》中,欧阳修指出,可以轻易地将"朋党"一词进行拓展,用以涵盖任何社交群体,比如亲戚故旧、交游执友、宦学同道、门生故吏,等等,而从历史上来看,小人经常以"朋党"这一罪名来诬陷无辜之人。[9]换言之,在大多数情况下,朋党之争实际上并不存在。

回顾过去,欧阳修意识到,改革的支持者们已经撕下自己身上的朋党标签。在嘉祐元年（1056年）的一篇探讨官学问题的奏疏中,他承认了这样一个重要问题:

东汉之俗,尚名节,而党人之祸及天下。其始起于处士之横议而相誉也……则必为迂僻奇怪,以取德行之名,而高谈虚论,以求材识之誉。前日庆历之学,其弊是也。[10]

很久之后,朱熹以蔡襄和石介的诗作及欧阳修的《朋党论》为例评论道，改革的领导者向对手发出了严重挑衅。朱熹认为，改革者傲慢地将自己称为君子，并将对手视为小人的做法无疑导致了悲剧的发生。[11]顺便提一下，朱熹及其追随者自身也未能充分注意这一批评：他们强烈的自以为是使其也易于受到结党的指控。

如果欧阳修实际上并不相信改革者结党的存在，那么他因何会在自己的著名奏疏中提出那样的论断，与孔子本人的言论相悖？南宋时事功学派权威人士叶适对此给出了最佳答案。他准确无误地作出了推断：欧阳修提出这一英明论断无非是"迫切之论"（欧阳氏迫切之论失古人意徒使人悲伤而不足以为据也。——译者注）。鉴于范仲淹已经向皇帝承认改革者结党之事，无论欧阳修的个人观点如何，当时他都无法否认这一点。怀着挽救范仲淹与改革的希望，他只能像律师一样据理力争，将委托人的供认转变为一场令人赞叹的辩护。[12]

在整个王安石变法时期、随后的反变法时期及后变法时期，欧阳修为朋党所作的辩护一直激励着下一代人。[13]许多杰出士大夫都因为这样一个棘手的事实而备受困扰：一方面，旧儒家关于君子不结党的理想似乎无法实现；另一方面，与欧阳修的分析截然相反的是，小人显然也会结党。下一代人对如何解决这一难题进行了尝试，为了评估欧阳修的影响力，并证明朋党问题在儒家理论中仍然未能得到解决，在此有必要简要概述一下这些解决方案。

总体而言，下一代人共提出四种假设。第一种假设是效仿范仲淹和欧阳修的说法，强调君子党与小人党之间的对立不可避免，唯在君主判断忠奸。例如，伟大的史学家、著名的保守派领导者司马光哀叹道，皇帝未能意识到王安石及其改革同道属于小人党。[14]第二种假设悲观地预言，由于君子党秉持高尚的原则，使得他们在遭遇对手权术时相对而言毫无防守之力，因此他们无可避免地走向失败。在秦观看来，庆历新政本身的失败以及许多其他历史实例都证明了这一假设。[15]第三种假设融道家、法家的深邃思想于一体，是一种带有附加条件的乐观主义。苏轼（苏东坡）同意欧阳修的观点，即小人党缺乏将其自身维系在一起的真正团结，但他同时也建议，君子应参取道家态度，避免与对手过早对抗，并应像法家那样杂用权术，静待对手出现分裂，再见机行事，一举将其击溃。[16]第四种假设承认，将朋党简单划分为君子党和小人党的做法很不现实，对立双方各有一些优秀和卑劣的成员，而且卷入冲突的双方没有一方是完全无辜的。双方保留优秀成员的唯一希望是调停与和解。[17]比如，范仲淹的长子范纯仁虽然反对王安石，但也批评自己的很多保守派同僚恶意报复。曾布则是来自对方阵营的一个例子：他先是对改革同道大失所望，晚年再次掌权时他又试图在改革者和保守派之间进行调停，不过没有取得成功。[18]

第一种假设将一切行动留给帝王来完成，无法保证帝王的行动是否明智。第二种假设是失败主义论调，完全放弃了希望。若想巧妙运用第三种假设，就必须具备可能只有少数人才能拥有的高超的聪明才智。第四种假设在遵循时就会证明其无法取得成功。简而言之，宋朝的儒学家们并未找到防止朋党之争的可行办法，甚至连应对的可行之道都未曾找到。他们的失败似乎应归因于三个原因。首先，儒家的理论探讨倾向于将国家制度作为既定条件，既没有想到问题的根源可能存在于某些制度本身，也没有提出新制度作为解决方案。其次，专制帝王总是将一群世人瞩目的士大夫视为对皇权的潜在威胁：对帝王而言，士大夫但凡声称他们的想法优于皇帝本人的想法，就隐含着对君主合法地位的否认。再次，若想让政府组织正常运转，就需要在官僚之间达成共识；但政府组织缺乏灵活性，无法提供一个可以让官僚们表达不同观点，并真诚弥合分歧的平台。

最后一点必须得到满足。一个大型的官僚体制通常包含一些内部控制机制，该机制为表达批评意见提供有限渠道。在宋帝国，皇帝会任命一定数量的官员担任言官，以便对政府行政部门进行约束。有时，翰林学士也会发挥相同职能；他们享有崇高声望，又能直接面见皇帝，这使其有能力发挥这种职能。为方便起见，此处笔者使用"谏言权"（critical power）一词来指代这些不同类别的官员可能集体形成的批评意见的分量。

宋初，言官几乎没有发言权。宋初两位皇帝不知疲倦地履行着行政首脑的职责，就像将军监督手下参谋一样监督着自己的宰辅大臣。当时言官"不许言天下利害"，认为这并无必要。台官的权限仅限于弹劾轻微的违法渎职行为，而谏官的权限则仅限于帮助皇帝改善其个人态度和行为。[19]在第三位皇帝真宗朝，随着更多知识渊博的士人通过科举考试崭露头角，官员的谏言权开始增长。首先，皇帝任命了几位御史，考察日常政务。之后，御史"皆得言事"，可以对日常政务发表意见，而皇帝有时在朝堂上"谕台谏言事"。[20]更为重要的是，言官的权限扩大了。他们有权"凡朝政阙失，大臣至百官，任非其人，三省至百司，事有失当，皆得谏正"。[21]尽管没有任何重要的事情超出其职责范围，但实际上他们几乎总是避免最大限度地行使其权力，或者提出尖锐批评。

谏言权的决定性增强伴随着庆历新政而来。吕夷简于景祐三年（1036年）试图阻止官员"越职言事"，这一禁令并未持续很久。当吕夷简的禁令在改革前夕被废止时，朝廷正式诏令所有朝臣直言极谏。当时，仁宗主张"是非之论付台谏"，如此一来，要么最优见解从中胜出，要么得以达成共识。这一程序使行政部门不得不面对言官的批评。所有批评意见中，是欧阳修恰巧发出最强音。正是由于他的抨击，才切断了吕夷简的最后一丝影响力，也正是由于他的提议，才使改革计划得以启动。谏言权承载着前所未有的重量。在整个改革阶段，它也一直保持着这种势头。欧阳修甚至会批评朋友及其行为。[22]

包拯在改革之前评论道："顷岁大臣颛政，颇恶才能之士。有所开建，则讥其近名。或云沽激，欲求进达。"反之情况也同样糟糕。"近者台官以朝政阙失，上章论列，或令分析，或取戒励。"在包拯看来，言官动辄夸大其词且谏言过滥。[23]根据韩琦的看法，为避免失衡，必须有节制审慎地行使谏言权。韩琦在担任谏官时，履行职责绝不掺杂私怨。他担任宰相时，接受批评时也会保持风度。根据个人经验，韩琦提出如下建议：

夫善谏者，无讽也，无显也，主于理胜而已矣。故主于讽者，必优柔微婉，广引譬喻，冀吾说之可行，而不知事不明辨，则忽而不听也。主于显者，必暴扬激讦，恐以危亡，谓吾言之能动，而不知论或过当，则怒而不信也……当顾体酌宜，主于理胜，而以至诚将之……若知时之不可行，而徒为高论，以卖直取名，汝罪不容诛矣。[24]

当派系情绪高涨时，克制约束的态度很难成为主流。正如数百年后的史学家王夫之指出的那样，自庆历新政时起，要么是行政官员以谋略战胜言官，要么是双方陷入僵局。他还发出这样的感叹："天子无一定之衡，大臣无久居之计。或信或疑，或起或仆……以成波流无定之宇。"[25]

欧阳修及其他言官在改革期间发挥的非凡影响力使许多官僚相信，获得声望的最佳途径是无情攻击他人。欧阳修自己很快就承认，言官们正在滥用其手中的权力：

今一言事之臣得速进，则小人好进纷然，争以口舌为事，至其甚弊，理难抑绝。则后来有谠言之士，必雷同以干进见疑，使君子、小人情伪何别？[26]

然而，欧阳修并未提供具体的补救措施。张方平则指责欧阳修及其他改革领袖想方设法增加言官的权力：

台谏之设，所以切摩理体，助为聪明。非使其生事招摇，为仕宦捷径也。粤自近年，增置员数，而又进擢殊速，听用过当。颇开朋党，险危善良。鼓动风潮，沦胥以败。[27]

刘沆也对这种普遍存在的歪风邪气深恶痛绝，他痛斥道：

自庆历以后，朝廷命令之初，事无当否，悉论之，必胜而后已……执政畏其言，进擢尤速。[28]

庆历新政之后，由于朋党之争而不断加剧的歪风邪气持续了数十年之久。很多朝臣由于担心遭受因朋党关系偏袒徇私的指控而不愿褒奖同僚。同样，在批准行动提案时他们也踌躇不前，通过使用夸夸其谈的陈词滥调和模棱两可的笼统语言，得以明哲保身，几乎不会积极应对所涉及的问题。但是，他们会毫无保留地作出负面评价，认为此类评价会使他们显得诚实、坦率而公正。即使是低级官员，也会设法让别人听到自己的批评之声。如果期望落空，他们就会频繁拜访言官，提供信息或捏造虚假信息，以便针对他们厌恶的人挑起争端。[29]

人们发表的这些谏言很快就演变为恶毒的诽谤，在高层出现了诸如叛国、不忠、对皇帝不敬等指控，在低层则出现了有关私德有亏和家庭关系不睦的指控。[30]欧阳修的许多友人是前者的受害者，欧阳修本人则是后者的牺牲品，相关内容将在下一章进行讨论。皇祐元年（1049年），适当限制此类行径的需求终于姗姗来迟：朝廷颁布诏令规定，根据谣言和传闻编造虚假指控的行为将会受到惩处，除非案件涉及严重的渎职或使大量百姓受到伤害。这相当于一个免责条款，它使得这项法令的效力低于预期。[31][1]当韩琦、欧阳修和富弼终于东山再起时，他们在嘉祐五年和六年（1060—1061年）间又推动颁布了三项诏令，规定谏言仅限于公务，并将私人生活和个人行为中的所谓瑕疵排除在外。不幸的是，这些措施出台过晚，而且其效力太弱，根本不足以解决问题。许多官僚继续以同僚和民众利益为代价，通过吹毛求疵的策略来寻求自己的晋身之阶。[32]

官僚们对于增加谏言权的渴望基本上是为了维护阶级利益。他们不希望下层阶级在舆论形成过程中发挥任何作用。欧阳修在至和二年（1055年）进呈的奏章中非常明晰地反映了这种阶级偏见：

京城近有雕印文集二十卷，名为《宋文》者，多是当

---

[1] 《续资治通鉴长编》卷166："（皇祐元年正月）辛酉，诏曰：'自古为治，必戒苛察。近岁风俗，争事倾危，狱犴滋多，上下晓急，伤累和气，朕甚悼焉。自今言事者，非朝廷得失，民间利病，毋得以风闻弹奏，违者坐之。'"——译者注

今议论时政之言……详其语言，不可流布。[33]

这篇奏章要求焚烧这些书籍，并且更加严格地执行出版物在印刷或售卖之前必须进行审查的现行律法。

以意识形态为导向的新儒家学派非常珍视传统儒家等级秩序观念，但他们也信奉道德权威的至高无上，并且过度自信地以为，自己比其他任何人都拥有更高的道德权威。因此，他们试图在必要时就其认为重要的所有问题发表意见。他们在争取增加官僚谏言权的过程中，未能充分考虑这种权力的正确使用问题。他们没有意识到，只一味增加谏言权，既不加强使用这种权力的制度框架，也不审查其使用结果，并纠正审查中可能发现的所有错误或不公行为，就会不可避免地使宋朝的官僚机构失去平衡。他们也没有意识到，官僚阶级内部缺乏团结，会不可避免地导致官僚们利用自己手中增加的权力来相互对抗。最初，他们通过批评对手的政策成功地除掉了他们，但最终，他们被谏言权反噬，遭受更针对个人的指控而被夺去权力，例如结党营私、对皇帝不忠及失德行为。[34]皇帝本人是唯一必然能从官僚体制内部冲突中获益的人。自相矛盾的是，官僚的谏言权本来应当首先用于限制君主专制，但谏言权的增长却使专制君主成为唯一的受益者。[35]

1. J.Liu (1957), 126; de Bary etal. (1960),446.
2. 《范文正公集》卷8，第24页。
3. 《宋史》卷284《宋庠传》；《儒林公议》下卷，第35页（《宋庠传》："庠与宰相吕夷简论数不同，凡庠与善者，夷简皆指为朋党，如郑戬、叶清臣等悉出之，乃以庠知扬州。"——译者注）。
4. 《宋史》卷269《王质传》。
5. 《续资治通鉴长编》卷148，第6页；《涑水记闻》卷10，第3页；J. Liu（1957），126（148，原误作48。——译者注）。
6. 《宋文鉴》卷45，第8—15页。《河南文集》卷18，第6—7页。《续资治通鉴长编》卷135，第4—5页；卷154，第5—9页；卷157，第10页；《国朝诸臣奏议》卷76，第1—4页；《公是集》卷31，第1—9页。
7. De Bary et al.(1960)，446—447（《欧阳永叔集》第3册《朋党论》，第22—23页；《续资治通鉴长编》卷148，第6—9页；J. Liu（1959a）。
8. 《欧阳永叔集》第12册《论杜衍范仲淹等罢政事状》，第103页。《续资治通鉴长编》卷155，第6—8页。《宋文鉴》卷46《论杜衍范仲淹等罢政事状》，第7—10页。《国朝诸臣奏议》卷76《论杜衍范仲淹等罢政事状》，第4—10页。亦见《欧阳永叔集》第4册《太子太师致仕杜祁公墓志铭》，第53页。《范文正公集·褒贤集》卷5，第23—24页，奏议2，第30—35页。《续资治通鉴长编》卷143，第24—26页；卷146，第1—4页；卷150，第5—10页、第15页；卷155，第8页。
9. 《新五代史》卷35《唐六臣传》。
10. 《欧阳永叔集》第13册《议学状》，第37—38页；亦见第8册《与尹洙书》，第61页；《避暑录话》卷2，第19页。
11. 《范文正公集·褒贤集》卷5，第25页。
12. 《习学记言》卷50，第10页。
13. J. Liu (1959),7-10.
14. 《温国文正司马公文集》卷71，第8—9页（参阅《国朝诸臣奏议》卷76，第10—14页、第21—23页）。
15. 《淮海集》卷13《朋党》，第6—8页。
16. 《经进东坡文集事略》卷4《应制举文》，第58—59页。
17. 《李素包公奏议》卷1，第9页，参阅《续资治通鉴长编》卷172，第5页；《韩魏公集》

卷13《家传》，第193—196页；《国朝诸臣奏议》卷76，第4—5页。

18 《国朝诸臣奏议》卷76《论不宜分辨党人有伤风化》，第16—18页；亦见第20页；《东都事略》卷71，第9页；刘子健《王安石、曾布与北宋晚期官僚的类型》；外山军治《靖康の变に於ける新旧两党の势力关系》。

19 《习学记言》卷47，第15页；《宋稗类钞》卷2，第1页；《东轩笔录》卷14，第7页；《龟山先生语录》卷3，第5—6页；王夫之《宋论》卷4，第17页；参阅 G. W. Wang(1963)。

20 《宋文鉴》卷83《重修御史台记》，第6—9页；Teng(1943)，500—505。

21 《容斋随笔·四笔》卷14《台谏分职》，第5页。

22 《续资治通鉴长编》卷118，第9—10页；卷126，第12页；《国朝诸臣奏议》卷18《乞追寝戒越职言事诏书》，第6—9页；《龟山先生语录》卷3，第5—6页；《欧阳永叔集》第18册《神宗旧史本传》，第46页；《栾城集》36《论台谏论事留中不行状》，第1—2页。

23 《孝肃包公奏议》卷1《七事》，第10页；卷2《论台官言事》，第5页。

24 《鹤林玉露》卷14，第1页；《韩魏公集》卷1《谏垣存稿序》，第10—11页。

25 王夫之《宋论》卷4，第17页；卷14，第12—13页。

26 《欧阳永叔集》第10册《辞直除知制诰状》，第99页。

27 《乐全集》卷24《论进用台谏官事体》，第17页。

28 《续资治通鉴长编》卷184，第3页。

29 《续资治通鉴长编》卷163，第16页（参阅《宋史》卷302《鱼周询传》）；卷194，第2—5页。《习学记言》卷47，第15—16页。J. Liu(1962)，144。

30 《栾城集》卷18，第17—18页；《续资治通鉴长编》卷163，第13页。

31 《续资治通鉴长编》卷166，第1页、第6—9页（参阅《国朝诸臣奏议》卷76《论彼此立则朋党分》，第10—11页）。

32 《续资治通鉴长编》卷191，第15页；卷192，第3—4页；卷194，第2—5页。《习学记言》卷47，第15—16页。

33 《欧阳永叔集》第12册《论雕印文字札子》，第115页[参阅《续资治通鉴长编》卷172，第3页，卷179，第17页；Wen(1965)]。

34 《韩魏公集》卷9，第151—152页；《习学记言》卷47，第15—17页；J. Liu(1962)，144。

35 王夫之《宋论》卷4，第24—25页；钱穆《中国历代政治得失》(1952)，第59—62页。

SIX

LATE CAREER

第六章

晚期仕宦

庆历新政后，欧阳修因遭人诽谤而被贬谪，辗转多地任职长达十年。之后，他再次入朝担任重要职务，并在5年后最终登上仕途的顶峰，以参知政事的身份与老友韩琦和富弼一起在朝理政。那时，他们三人均已丧失推行改革的兴趣。稳定是他们的首要目标，并且他们部分实现了这一目标。欧阳修又一次因私德方面的原因遭到弹劾，最终再次被贬出都城。作为地方行政长官，欧阳修在仕宦的最后阶段一直反对王安石推行的变法政策。熙宁变法启动不久之后，欧阳修承认自己已落后于时代并上奏请求致仕。

庆历新政终止之后，欧阳修的对手们并未立即找到能彻底打倒他的武器。由于大多数新政领袖已被罢黜，指控欧阳修结党营私和图谋不轨并不适用。欧阳修以前曾以私德有亏为由弹劾过几名官吏。现在该轮到他被弹劾了。[1] 欧阳修的甥女张氏早年间前来（或者按照中国人的说法，回到娘家）与欧阳修一家人同住，并将亡夫与前妻所生的女儿也一同带来。此女虽与欧阳修一家并无血缘关系，但被称作"甥女张氏"，她后来嫁给了欧阳修的一名远房族人。庆历五年（1045年），张氏因与仆人通奸而受审，不但招认了这一罪状，还招认其在未嫁时曾与欧阳修有染。不久后欧阳修即因被指控乱伦而入狱。[2] 在接受调查时，欧阳修否认了这一罪名，他声称，甥女张氏之所以供认所称罪状，要么是由于这样一个错误的观念，即通过将他牵涉其中可能会减轻自己面临的刑罚，要么是别人的恶意暗示，此人为陷害他而蓄意罗织了这一罪名。[3]那些妄图毁掉欧阳修的人完全不遗余力。他们提供了被称为间接性证据的物证，即他多年前所作的一些艳词。欧阳修年轻时与娼妓纵情声色，行为不检且薄情寡义，并在这些艳词中透露出他的放荡行为。其中一首诗中明确谈及一名年轻女子，欧阳修的政敌们声称，这名女子极有可能就是能够证明案件之人。但除欧阳修以外，写作暗示性艳词的官员不乏其人。此外，正如几个世纪后的一些学者指出的那样，这种艳词大多数情况下都是以诗寓意，而不是对现实主题的探讨，更不是对浪漫情感的真实表达。甥女张氏招认的罪行只是她针对欧阳修的一面之词。因此，法官认定她对欧阳修的攀咬无法得出定论。不过法官又补充道，根据法令，欧阳修犯有渎职罪，因为张氏的部分嫁妆被用于购买了一些田产，而这些田产错误地登记在欧阳修一家的名下，这显然是为了使这些田产享受欧阳修的免税特权。[4]

宰相贾昌朝对这一审判结果并不满意，于是安排另一名法官苏安世主持复审，并安排内侍监审，这是显示皇帝本人对案件极为关注并强调案件严肃性的典型方式。内侍王昭明之所以被选中，据说是因为欧阳修曾阻止他谋求职务，[5]想必王昭明会利用这个机会实施报复。然而王昭明却拒绝逾越适当的司法限制。有记录显示，法官苏安世决定维持原判，但另外两份记录则显示是王昭明作出了这一决定。根据后面两份记录的记载，法官苏安世在审判中提议，或可用酷刑来检验欧阳修对罪名的一再否认是否可信，对此王昭明却驳斥说，皇帝派他前来是为了让他亲睹正义得以伸张，令他费解的是酷刑何以成为合理之举。此外，据说王昭明还补充道，皇帝每日都会提及欧阳修，如果在证据不足的情况下随意定罪，虽在当时可取悦某些宰辅大臣，但或许他日在不同政治情况下会自食今日所为之恶果。由于宋朝对待高官的政策相当优厚，这使得高官在受审时几乎不会遭受酷刑，所以关于对欧阳修可能用刑的记载极有可能并不属实。另一方面，这位内侍关于欧阳修享有极高声望的一些暗示，或许也帮助欧阳修避免受到进一步的伤害。无论如何，最终还是维持了原判。[6]

然而，政敌对欧阳修恨之入骨，故而提议进行第三次审理。此时，赵概申辩称，虽然他与欧阳修非亲非故，但他认为，以如此可疑的理由坚持惩罚欧阳修这样的高官、杰出文人和受人尊敬的作家，实在有损朝廷的尊严。张方平虽对改革派心存憎恶，但作为经验丰富的政客，他清楚地看到一场政治风暴正在酝酿之中。张方平向贾昌朝进言，鉴于贾昌朝与欧阳修之间的敌对立场人尽皆知，他很可能遭受指责，说他故意加害欧阳修。贾昌朝因此转而谨慎行事，允许案件维持原判并结案。[7]

随即，欧阳修被贬至滁州这个偏僻的多山地区担任知州，表面上仅仅是因为他允许将张氏的财产虚假登记在其家人名下。正如其诗作所揭示的那样，欧阳修受到的最大伤害是声望受损。[8]在接下来的十年间，欧阳修为诗为文，研究学问，对其历史地位倒是大有裨益。欧阳修在滁州保持着良好的精神状态，自称"醉翁"，这个名号也因他以此命名的一篇文章而流芳百世。实际上，欧阳修当时刚过不惑之年。庆历八年（1048年），即被贬三年之后，欧阳修升任扬州知州，扬州是大运河与长江交界处的大都市。由于担心政敌心生嫉妒并试图再次痛下杀手，在任未满一年，欧阳修就请求改任到较小的地方。于是他被调任颍州知州，这个湖泊众多的风景优美的州后来也成为他的永居之地。[9]

按照文官的常规做法，像欧阳修这样才能卓越的人不应长久担任地方的卑微官职。但直到至和元年（1054年），欧阳修才被召回都城。[10]欧阳修参加经筵侍讲，其间仁宗看到他的银发大为震撼，继而询问欧阳修："在外几年？今年几何？"此事立即引人猜想，欧阳修或会再被起用。十天之内，政敌就再次采取行动。根据几则史料记载，有人伪造欧阳修奏疏，称其"乞汰内侍挟恩令为奸利者"，并广为散布，这激起了内侍对他"人人切齿"。作为回应，据传内侍提醒皇帝，像欧阳修这样功利心过重的人会作祟生乱，甚至可能会"夺人主权"。[11]还有史料记载，欧阳修彻夜宴饮，天未破晓醉醺醺地上朝。这些史料还称，一些深感意外的内侍向皇帝奏报了欧阳修的举动，以此说明他玩忽职守。[12]

无论如何，欧阳修突然再次被调任到偏远的同州为官。欧阳修的儿女亲家吴充（他的女儿嫁给了欧阳修的长子）申辩此次调任有失公允，但他的申辩未产生任何反响。幸运的是，宰相刘沆不喜朋党纷争以及不负责任的指控，他和另一位高官兼杰出文人范镇一起表示支持欧阳修继续在朝为官。在两人的干预下，欧阳修受命留京编修《新唐书》。不久之后，欧阳修被擢升为翰林学士，这是一个享有极高声望的职位，他也因此享有一些谏言权。[13]

欧阳修修身养性和政治沉寂的漫长岁月结束了。他的意识形态取向和相当暴躁的脾气如往常一般鲜明；虽然欧阳修一直坚持自我克制，已经使其鲜明而张扬的个性有所收敛，但却未能真正使之变得柔和而圆融。一旦重归朝堂，他既无法远离政治亦无法缄口不言。欧阳修一如既往地喜欢与人为伴、彼此交谈。虽然他无意于再次推动改革，但仍希望看到能够实现一些改良。虽然欧阳修意识到他过去在挑起党争中所犯的错误，但这并不意味着他会避免进行批评或提出异议。作为翰林学士，他可以随时觐见皇帝，因此他有机会与几位言官一起弹劾宰相陈执中，并在弹劾未果后提出辞职。朝廷既希望他继续在朝为官，同时又希望他免于纷争，于是决定派他出使辽帝国。[14]欧阳修出使回朝不久后，再次与老对手贾昌朝（时任枢密使）发生冲突，两人先是因为灌溉工程的利弊而起争执，后又因贾昌朝与内侍过从甚密而再起冲突，这些内侍涉嫌规避某些制度进而在幕后营私舞弊。在欧阳修和其他人日甚一日的弹劾之下，贾昌朝最终被罢黜离朝。时代在不断变化，少数经历庆历新政并得以留存的改革领袖将在不久之后凭借其资历和业已证实的能力再掌权柄。[15]

　　在东山再起的道路上，欧阳修还遇到了其他一些障碍。其中之一涉及科举考试的标准问题。庆历新政的改革计划曾主张重视对儒家经典的解读和对经世问题的探讨，因而较之当前的西昆体文风，古文更为适合上述两个主题。改革失败后，科举考试又恢复了原有标准。嘉祐二年（1057年），欧阳修受命主持进士考试。他公开宣布，他将注重考卷内容而非文风。在中举的考生中，有大量才华横溢的年轻文人，他们在古文中展现的想法被证明完全是真知灼见。然而一些大失所望的落第举子对欧阳修发起了人身攻击，甚至再次利用甥女张氏一事对他进行诽谤。[16]另外一个障碍是内侍。嘉祐三年(1058年)，欧阳修任权知开封府。任职期间，他经常收到应内侍请求直接施恩而没有通过政府渠道的内降或御笔。欧阳修非但没有谨遵这些御笔，还谴责那些鼓动下达御笔之人，声称这些人应当为此受到惩戒。欧阳修采取的这种立场虽引发了一些不满，但并未招致报复，因为当时欧阳修的影响力正在显著增强。此外，他在后宫之中也有友人。皇后与其夫人的娘家有旧，现在皇后欢迎她重回都城，并且偶尔还会邀她一叙。[17]

嘉祐五年(1060年)《新唐书》编修完成之际，欧阳修终于获得了高级行政职务，担任枢密副使。次年，他被任命为参知政事。韩琦和富弼也被委以重任。自嘉祐五年至治平三年(1060—1066年)，是这三位密友大体掌权时间(富弼很快便停止密切合作)，也是后来被许多宋朝士大夫们怀念的一段时光。中国后世的史学家也称颂韩琦和欧阳修成功解决了两次皇位继承危机，以及在两个动荡的改革时期实现明显的稳定。当初的改革者已经变了。他们已经开始意识到，自己过去所犯的错误在官僚机制中造成了危害严重的分歧。如今，他们决心停止党争，并与新晋人才及树大根深的同道官僚进行合作。庆历新政之后，欧阳修与富弼详细探讨了他们在改革失败中应负的责任。两人一致认为，他们当时操之过急、固执己见且刚愎自用。他们得出结论，真正的治国才能需要的是三思而后行，以免后悔莫及。欧阳修在重掌职权伊始，虽然在很大程度上仍然急躁、热切，甚至冲动，但一段时间以来他一直理智地倾向于循序渐进地实现改良。甚至是在庆历新政之前，他就已经意识到，变化太多会引起混乱并导致政府命令失效。在改革过程中，欧阳修就曾强调应改进吏治而不是立法。如今，他坦率地反对修法，除非修法的益处众多且明确。他强调，官吏治理应使现行法律更好地发挥作用。[18]

这是否意味着欧阳修及其友人失去了进取的兴趣？绝非如此。他们已经学会珍惜循序渐进的进步，而且他们认为，只有在形势稳定的情况下这种进步才有可能实现。此外，他们实现的改善不应被低估。在此做几点说明。作为枢密副使，与以前相比，欧阳修以更加系统的方式收集有关地方驻军，尤其是边界驻军的信息。作为执政，他利用业余时间编制带有分类标题的综合目录，内容涵盖中书省各个衙门多年来积累的法律与制度、先例与例外以及差异与矛盾之处。如果皇帝需要询问关于政务的问题，而欧阳修又不当值，则只需派内侍前往中书门下查看欧阳修编写的目录即可。[19]

庆历新政期间采取的措施之一是"方田均税"，重新丈量土地的大小，规定公平的税额。这是一个主意虽好但执行情况极为糟糕的例子：重新丈量土地不仅极为仓促，而且还令许多人不胜其扰，同时又错误百出。不仅如此，修订后税收的公平性也未达预期。嘉祐五年（1060年），当一项类似政策被提出时，欧阳修表达了反对意见，因为他意识到，设法执行这项政策将过于艰巨。相反，在他的倡议下，地方官员只是按照指令通过核减明显过高的税率，并核增明显过低税率的方式，来对现行税率进行调整。这些官员还有权豁免或废除近年来不合理增加的税款，以及政府早就没有正当理由去征缴的税款。[20]

总而言之，作为传统儒学政治家，欧阳修及其同僚表现得十分出色，他们改良官僚体制，但并未对其加以破坏，并且遵循这样一种信条行事，即恰当得宜的行政行为需要走过漫长道路才能解决国家层面的问题。

若想高效而审慎地进行行政管理，就需要高效而审慎的官员。韩琦和富弼发现了很多能够胜任财政和司法事务的人才，但这并未令欧阳修感到满意。他的目标是选拔和培养才干卓越并能够最终接掌国家大事的年轻人。治平二年（1065年），欧阳修在单独觐见英宗（仁宗的继任者）时，阐述了实现这一目标的计划。从进士登科到朝廷重臣的正常道路要经过三个阶段：首先在三馆任职，年轻人在此通过编修历史文献、从事研究工作及为国家盛典起草文书的方式熟悉国家事务，然后居两制（翰林学士任内制或知制诰），最后迁居两府（中书门下、枢密院）任职，上述机构是整个政坛的神经中枢。欧阳修称，近年来只有少数进士及第者入馆职。[21]他建议，每位公卿大臣均可推荐数名年轻人，加起来共推荐大约20人，这些人"皆令召试馆职"。英宗同意了这一提议。韩琦对此提出了异议：在他看来，因为人数过多，这可能会导致激烈的竞争，受到营私舞弊的指控，并引发严重争议。但皇帝回应称，如果候选者果真才能出众，朝廷一定会广纳贤才，多多益善。富弼则反对说，将几个年轻士大夫擢升到高于其他人的官位，将在官僚体制中引起纷争。[22]英宗驾崩时，欧阳修的计划还未确定最终行动。因此，这一计划从未得以执行。在执掌权力的数年中，欧阳修依靠个人力量举荐擢升了许多贤能的年轻官员，举荐的人数可能超过其他任何人。这些受到提携的后辈包括熙宁变法的领导者王安石和吕惠卿，还有变法反对派的领导人司马光和吕公著。[23]当然，两派之间的最终冲突正是韩琦之前所担心的。然而，错误并不是由于欧阳修的举荐造成的，他吸纳新人时并不考虑政治观点。

在欧阳修第二次身居高位期间,年轻一代士大夫再度分为北方保守派和南方改革派。比如,在修订科举考试标准的问题上,他们就存在分歧。欧阳修采取中间立场:他已经采取多项措施对考试标准进行了修订,使之有利于古文和对儒家经典的解读,故而他已看不到较大的改善空间,并且认为只要由贤能官员来主持,科考系统定将良好运行。嘉祐五年(1060年),司马光对欧阳修的科举考试标准颇有微词(反映了保守派的观点):欧阳修推动采纳的重点使司马光的北方同伴处于不利地位,因为他们一直按照旧有方式进行训练,严格遵照经文及传统注述的内容。他进呈了替代性安排:为确保地区代表性,保持公平公正,每个地区的进士取士名额应当相同。[24]欧阳修对此表示反对,他指出,如果司马光的提议被采纳,举子人数较少的地区,比如北方,为使解额录满,将不得不降低标准;相反在拥有更多受过良好教育的举子的地区,比如南方,那些学识出众的举子则会惨遭淘汰。欧阳修坚持认为,唯有统一的国家标准才是唯一公平的解决方案。[25]另一方面,王安石与其他南方人则主张将科考重点放在对经的正确解读,及将这些解读应用于经世问题之中,而非仅仅注重文章写作。[26]欧阳修却反对矫枉过正。到底由谁来决定何为对经的正确解读？此外，他想通过科举考试选任均衡发展且又知识渊博的人才，而不是具有特定信仰的专家。

年轻一代根本不满足于欧阳修的立场，并在他死后继续就此问题争论了很长时间。最后还是来自西南地区的苏轼（苏东坡）提出了这个最基本的问题：考试标准有可能完美吗？正如欧阳修已经表明的那样，高度程式化的诗词和诗化散文与经世治国几乎毫无关系。欧阳修提倡的散文风格促进了有关政务的学术见解的表达形式的发展，但这些见解是否实用仍然无法确定。对儒家经典进行解读并尝试将其应用于政府政策，虽然这类科考标准在王安石的推动下受到了高度重视，但其实用价值同样值得怀疑。苏轼总结道，总之，没有任何一种考试标准能够确定无疑地找到优秀的行政官员。[27]毕竟，真正的考验在于行动而非语言。针对科举考试标准的辩论，反映了新儒家们面临的困境。随着新儒家意识形态的发展，它产生了一种探究一切的哲学态度，这也就意味着它的视野跨越了传统的准则，对普遍和流行价值产生了怀疑并且反对一味遵从。[28]然而，科举考试制度必须以一套统一而明确的标准为基础。回想起来，为了使科考系统较为正常地运行，欧阳修将工作重点大体从提议对系统进行进一步修正，转移到挖掘和提拔能臣的具体任务中，由此可见，欧阳修可算一个颇具洞察力的人。

欧阳修与韩琦等人为实现稳定和逐步改良而做出的努力仅取得了有限的成功。正如南宋著名学者叶适指出的那样,"不能以岁月成天下耳"。[29]有时,个性冲突会使原本平静的局面变得剑拔弩张。尽管欧阳修已经意识到自己过去所犯的错误,但却未能纠正原有的习惯,即"有所异同,便相折难……往往面折其短",[30]虽然"同列未及启口,而修已直前折其短"。[31]幸运的是,韩琦了解他的个性,并且对这种性格缺陷浑不在意。[32]但是韩琦和富弼之间很快就出现了摩擦。韩琦通常会迅速决策,而富弼则往往踌躇拖延,举棋不定。这种差异至少部分源自他们在政策上的分歧。已经与欧阳修取得一致的韩琦希望在总体上实施改良,但富弼即使是对轻微的变动也经常持保留意见。富弼曾是庆历新政最激进的领导人之一。多半是因为所持的观点,他曾多次被污蔑为叛徒。由于富弼是多次受到这种谴责的唯一一位改革领袖,所以他现在所展现的已经不完全是一种保守态度,而更像是一种分裂的思想状态:既渴望再次坚持原来的立场,又极度恐惧遭受政治耻辱。[33]一次,因为一件无关紧要的小事,富弼举棋不定。韩琦一反常态地失去了耐心,终于说道:"又絮耶?"这是一个极不庄重的口头用语,因此富弼面红耳赤地嘀咕道:"絮是何言与?"嘉祐四年（1059年）初，富弼提出辞职，但被说服留任。[34]

按照惯例，父母去世，官员丁忧三年，由于每位公卿大臣职责繁重，所以都被起复。[35]某日，韩琦和富弼偶尔谈论习俗和先例，韩琦泛泛地表示，他认为起复有失公允。大约一年后，富弼的母亲去世，他拒绝起复并且立即停职服丧。富弼解释说，韩琦早就对此表明了自己的立场。虽然韩琦否认这一说法，声称自己当时不经意的言论属于个人看法，但富弼拒绝相信那不是一次明显的暗示。两人再也没有恢复当初的亲密关系。嘉祐八年（1063年）富弼复职时，韩琦已不再就公事和他进行私人探讨。[36]此类事件就像小小的楔子，不仅在这两个老友之间凿出了裂痕，也在富弼和通常站在韩琦这边的欧阳修之间凿出了裂痕。士大夫之间有一种关于人际关系的说法非常令人伤感：即使是最贤能的士大夫，即使他们具有儒家的美德，仍然难以维持其政治队伍的团结，也难以使私人友谊完好无损。

一个更加令人不安的问题是皇位继承。仁宗的统治持续了30多年，他虽有13个女儿，但并无子嗣。从嘉祐元年（1056年）开始，仁宗的健康状况日趋恶化，很多公卿大臣都委婉地敦促他确立皇储。仁宗的反应不是沉默就是愤怒。[37]直到嘉祐六年（1061年），经过韩琦、欧阳修及另一位宰相曾公亮的长期劝说，仁宗才做出让步。即使如此，他也只给了侄子荣誉头衔，[38]意味着他极有可能将这个年轻人立为皇储，但并没有明确或肯定地确定下来。[39]次年，欧阳修挺身而出，为毫无疑问或毫无争议地确定皇位继承顺序做最后的努力。他在朝堂上当着仁宗的面直接提出了这一议题。欧阳修说完之后，仁宗一言不发，对他凝视良久，而朝堂上的韩琦等人则屏息等待。终于，仁宗应允，授予侄子皇储的正式头衔并昭告天下。[40][1]一年之后，仁宗驾崩，英宗即位。然而仅在继位数日之后，新君就出人意料地突发精神疾病，歇斯底里地呼喊有人想行刺他。在英宗康复期间，太后临朝听政。英宗与太后之间失和，而且在对双方各有偏袒的内侍们煽风点火的影响之下，这种状况更是雪上加霜。一方面，欧阳修的夫人发挥积极作用，劝说太后善对其侄。她还表示，欧阳修和韩琦也抱有同样的希望。另一方面，欧阳修和韩琦也向英宗提出了类似安抚性建议。这些举措为宋朝的稳定做出了极大的贡献。[41]

英宗康复后不久，韩琦采取了一个出人意料且富有戏剧性的行动。一天，韩琦在太后毫无防备的情况下，出其

---

[1] 《续资治通鉴长编》卷506："章惇尝言，韩琦既以英宗判宗正，有建立之意，然未敢启口。一日与修议定，修见仁宗，便言英宗不立为皇子，则事未定。仁宗熟视修，久之不言，众为之战栗。仁宗徐曰：'当如此。'琦与修等遂乞降诏，许之。"——译者注

不意地与她商议撤帘还政之事。太后刚一含糊其词地表示同意，韩琦立即高声吩咐在场的内侍撤掉她面前的幕帘。严苛的性别隔离传统禁止后宫妃嫔被朝堂上的公卿大臣们看见；因此，幕帘无疑是女性临朝听政的象征。突然撤帘不仅导致太后匆忙离去，而且实际上还象征着她临朝听政的结束。[42]

韩琦事先未向富弼提及他的意图，因为他知道富弼对太后颇为同情，这使得富弼愤恨不已，因为他觉得，作为与韩琦同级的宰相，又与韩琦共事多年，韩琦本应就此事与他商议，或者至少应提前知会他。实际上富弼怀疑韩琦把他蒙在鼓里是用心险恶，意图破坏他在英宗心中的信誉，这完全是富弼反应过激了。于是，富弼辞职离朝，并于不久后致仕，结束了与韩琦和欧阳修的多年友谊。这个曾为稳定而工作的团队本身已经部分瓦解。[43]

"一波未平，一波又起"，这句中国俗语的意思是麻烦永无休止。新皇帝还没来得及熟悉他的公卿大臣，他们之间就爆发了一场激烈的论战。论战围绕着这样一个问题：英宗应当给予自己的生父何种哀荣，才不至于让他显得对养父仁宗忘恩负义。有关这场旷日持久的争议（称为濮议）的详情，以及涉及儒家礼仪许多更为深奥的技术性细节的复杂争论，可能会让西方读者颇感兴趣，这大约就如同关于能有多少个天使能在针尖上跳舞的争论会令普通中国人颇感兴趣一样。不过，重要的是人们要认识到，那就是相关礼制体现了儒家在尊卑有等、长幼有序及贫富有别方面的等级意识。另一方面，关于礼制的争议不可避免地具有政治影响。这位新皇帝自然希望尊奉亡父为皇考。但很多官员坚持反对这一想法，甚至为此丢官罢职也在所不惜。他们的理由是，皇帝不应做任何减少其对先皇感激之情的事情，因为先皇仁慈地收养了他。他们认为，皇帝能给予生父最适当的荣誉是"皇伯"称呼。欧阳修与其背后的韩琦则是皇帝愿望的代言人。通过让皇太后签押同意并发起倡议，他们以谋略击败了反对派，而皇帝本人也大度地拒绝给予亡父帝王地位的全部荣誉，转而下诏追封亡父为"皇"，而非"皇考"，后者留作他对先皇满怀感激的象征。这个锱铢必较的解决方案未能终止政治纷争，因为受挫的反对者仍比比皆是。[44]一些后世的杰出学者认为这一解决方案在本质上并无不妥之处。皇帝的谥号只是一种荣誉，不会混淆皇位的继承。这些学者几乎未曾考虑反对派提出的替代性头衔，这在历史上完全没有可以比照的先例。

但是，对这一决定的强烈抗议，摧毁了韩琦和欧阳修精心建立的官僚体制的稳定。大批士大夫们谴责欧阳修，不幸的是其中还包括富弼。他们谴责欧阳修无耻地逢迎新君主，使其做出不可原谅的不当行为，在曲解古礼的基础上编造错误理论，使用奸计使皇太后错误地默许此事，尤其还彻底地背叛了先帝，先帝此前一直仁慈地让他在朝为官达三十余年之久。他们中的一些人把欧阳修称为公敌，认为应该对其处以极刑。欧阳修一来不胜其扰，二来也是出于自卫，觉得有必要撰文对这一主题展开详细论述，希望为子孙后代澄清这个问题。他完全清楚何以会发生争议。谴责他的人大多是保守派。因为没有现成的重大问题，这些人攻击他及其他当权者的最佳办法就是利用礼仪和礼节问题制造事端。无论如何，范仲淹曾经通过忤逆帝王之意获得了巨大声望，如果他们违背英宗所愿，也必定会有此番造化。欧阳修在提出很多问题时一直言辞激烈，难道他们就不应如此吗？欧阳修曾无惧遭受贬谪，他们的决心也同样坚决。就他们以及欧阳修的情况而言，争取意识形态权威地位，勇于表达意见分歧的威望及提出大胆批评的声誉是对暂时受挫的丰厚回报。[45]

显然，欧阳修赢得了战斗，却输掉了这场战争。由于政敌太多，他已经无法再有效开展行政工作：继续担任朝廷高官只会招致更多攻击，但他迅速提出的多次辞职均遭皇帝拒绝。然后，曾被他引为同道并举荐的蒋之奇以意想不到的方式用诬谤之剑从他的背后发动攻击，从而再次加深了中伤诽谤给欧阳修造成的伤害。在之前的濮议之争中，蒋之奇在与欧阳修私下交谈时，对官方解决方案表示支持，欧阳修因而举荐蒋之奇担任御史之职。治平四年(1067年)，英宗驾崩。虽然新帝神宗再次拒绝欧阳修的请辞，但蒋之奇认为，局势很快就会发生变化，于是决定背叛他的提携者，挽回他在反对派阵营中的形象。一天，蒋之奇突然出现在朝堂上，弹劾欧阳修帏薄不修并奏请将其处死，因为有人向他举报说，欧阳修曾与其长媳通奸。这项指控掀起了轩然大波：这比之前曾使欧阳修落马的指控要严重得多。自感尊严尽失的欧阳修闭门不出，等待彻底调查，而且他执意请求一定要彻查此事。[46]

此案再次表明，宋朝的司法不讲究充分的证据和程序规则。当年轻的皇帝索要举报来源时，蒋之奇表示，他是从另一位御史彭思永那里获悉了此事。彭思永声称自己年事已高，无法记起何人向他举报了此事。此外，蒋之奇还认为，朝廷的法规允许御史在不透露消息来源的情况下弹劾。他申辩道，如果得不到这种保护，则无人敢于公开揭露任何一位大权在握的公卿大臣的罪行。因此，出于对皇帝的忠诚，他拒绝回答这个问题。[47]朝廷的法规缺乏明确性。如前所述，庆历八年(1048年)的诏令禁止御史风闻言事，除非涉及朝廷政策，或百姓疾苦。[48]根据传闻弹劾负责政务的宰执，是否符合这项法令，确实值得怀疑。此时，欧阳修已经几乎没有朋友。实际上，除了据称涉及此事的吴氏的父亲吴充以外，没有人站出来谴责这一纯属诬蔑的指控。年轻的皇帝虽然倾向于认为指控缺乏根据，但同时又希望鼓励蒋之奇，认为他提出此事勇气可嘉。但年轻的皇帝被告知，带着矛盾心理将拒斥和奖励混为一谈，基本属于不合理的行为方式。经过一番犹豫，年轻的皇帝终于驳回了这一指控，发布了内容大致如此的公告，贬谪了蒋之奇和彭思永，并专门派人传信，向欧阳修转达皇帝的问候，而此时这位资深的政治家正在家中修复自己受伤的尊严。[49]

无论是这两名御史，还是这两人背后的欧阳修的政敌，都不曾期望证明这一指控。诽谤本身就足以使他们达到破坏欧阳修声望的目的。作为新儒学的奠基者，在历史上享有盛名的程颢后来为这次恶意攻击提供了一个漏洞百出的借口。他声称，针对本质上相当私人的罪行，要想找到证据绝无可能，而众人认为指控可信的事实恰恰说明，人们对欧阳修的道德操守缺乏信心。[50]换言之，消防车就意味着火灾。奇怪的是，程颢后来改变了立场，声称由于在濮议之争中所持的立场，欧阳修理应被罢免出朝。换句话说，在一个问题上犯下的所谓过错，可以使在另一个问题上出于政治动机而诽谤他人的行为合理化。政治热情明显扭曲了一位伟大哲学家原本逻辑严密的思想，真是匪夷所思。

毫无疑问，这一指控毫无根据。诽谤据说起源于欧阳修夫人的二堂弟薛良孺。他官职低微，在丑闻发生前不久曾期望欧阳修出面使他免受弹劾，但欧阳修拒绝让私人关系干涉公平正义。希望破灭化为了仇恨，这位堂弟开始在社交圈中不断出言暗示。正如与欧阳修一家关系亲近的人所证实的那样，欧阳修夫人持家甚严，即便假设欧阳修的个性令人生疑，所谓的帏薄不修之事也几乎毫无可能。实际上，极少有人相信这次诽谤。大约25年之后，御史蒋之奇仍然因为利用这一传闻弹劾欧阳修而受人鄙视。[51]

尽管欧阳修洗刷了罪名，但显而易见，在所有人看来，他已经被孤立，影响力正在衰减，声望毁于一旦，而且其作用毫无疑问消失殆尽了。就像欧阳修本人指出的那样，他继续居于朝堂将成为朝廷的负累。经过再三请求，欧阳修被允准辞职，而且再也没有东山再起。作为恩典，欧阳修被任命为亳州知州，亳州紧邻颍州，而他的田产就位于颍州。在亳州，他醉心于翻阅金石拓片，并撰写《归田录》记录仕宦生涯的趣闻轶事。欧阳修此期很少写作其他内容,甚至连诗词都写得不多。一个活跃的、富有创造力且波澜壮阔的生命正逐渐趋于平静,它的终点已为期不远。[52]

时光向前奔流,却把欧阳修抛之于后。欧阳修辞官离朝一年后,韩琦辞去相位,为王安石打开了拜相大门。王安石的宏大改革计划很快在熙宁二年(1069年)拉开了序幕。其中改革措施之一是在播种季节由政府向农民提供农业贷款,即所谓的"青苗钱",在收获时连同利息一并还清。欧阳修既反对青苗法的原则,也反对将贷款强加于一些不愿借贷的农户的做法。当他的反对意见不了了之时,欧阳修运用了这样一种策略,即在第一个季节时执行这一措施,然后在不事先征求授权的情况下,下令在下一个季节取消执行。由于欧阳修拥有崇高的声望,他的违令行为并未受到惩处,只是接到指令,必须撤销未经授权就取消执行青苗法的命令,并继续执行改革计划。[53]次年,民众对这一改革计划怨声载道。神宗任命欧阳修到北方大都市太原任职,[54]并有意在欧阳修途经都城时征求他对新法的意见。王安石对此表示反对,声称欧阳修性格执拗,而且虽然他的散文目前仍然绝佳,但他未能正确解读儒家经典,并因此误导了王安石时代的许多文人。[55]时代确实已经变了,新的浪潮正渐渐将前辈文人席卷而去,而欧阳修也无意于逆潮流而动。他连续六次上奏，以身体每况愈下为由拒绝接受判太原府的任命，并诚挚请求一个离家更近级别更低的职位。神宗同意不将其派往太原，但仍表示有意与欧阳修见面，令他在健康状况允许的情况下尽快前来开封觐见。[56]欧阳修再次恳求，用以下谦卑之语坦陈他对新法的反对意见：

> 大抵时多喜于新奇，则独思守拙；众方兴于功利，则苟欲循常……臣所宜必辞者三：义所难安，一也。精力已衰，二也。用非所学，三也。[57]

对欧阳修来说，熙宁新法过于笼统、不合常规且令人烦恼。他既不赞同新法对儒家经典的解读，也不赞同其高度自信的管理模式，因此他明确表示，绝不参与其中。终于，皇帝满足了欧阳修的愿望，将其派往同样离家很近的蔡州。[1]欧阳修不去都城绝对是明智之举：不久之后，众多反对变法的官员就被罢黜出京。具有讽刺意味的是，其中有几人曾在濮议之争中严厉批评过欧阳修。与此同时，欧阳修的健康状况迅速恶化。熙宁四年

---

[1] 除欧阳修检校太保、宣徽南院使、判太原府、河东路经略安抚使。——译者注

(1071年）春，64岁的欧阳修致仕，[58]次年就与世长辞，结束了他那充满激烈的政治斗争，也为政府立下卓越功勋的漫长仕宦生涯。

欧阳修的政治生涯无疑是杰出的，但像其他许多杰出政治家一样，他在解决官僚政府的基本问题方面收效甚微，即如何选择诚实可信的能臣，如何拥有公正有效的法律，还有最重要的一点，如何在官僚领袖中就这些关键问题达成工作共识。无论如何，仅靠政治生涯不足以让欧阳修在中国历史上享有崇高的地位。应该说，是他斐然的政绩和在多个学术领域中的诸多贡献，才使他成为最伟大的新儒学大师之一。

1 《韩魏公集·遗事》卷20，第281页。《欧阳永叔集》第10册《滁州谢上表》，第102—103页；第12册《论王举正范仲淹等札子》，第14—15页。《默记》卷中，第1—2页。
2 《欧阳永叔集》第11册《乞辨明蒋之奇言事札子》，第6页；第18册《行状》，第12页；《墓志铭》，第20页；《神道碑》，第27页；《事迹》，第59页。《宋会要辑稿》第64册《职官》，第3846页。《默记》卷中，第1—5页。《宋人轶事汇编》卷8，第346—347页。《石营杂录》，第18页。《钱氏私志》，第4页。
3 《欧阳永叔集》第10册《滁州谢上表》，第102—103页；第18册《行状》，第12页。
4 《拊掌录》卷32，第38页。《宋人轶事汇编》卷8，第357页。田中谦二《欧阳修的词について》。胡适《胡适文存》第3集《欧阳修的两次狱事》，第909—910页。《默记》卷中，第1—5页。《欧阳永叔集》第10册《滁州谢上表》，第102—103页；第11册《乞辨明蒋之奇言事札子》，第6页；第18册《行状》，第12页；《事迹》，第59页。《钱氏私志》，第4页。
5 《默记》卷中，第1—5页。
6 《续资治通鉴长编》卷157，第3页；《王临川集》第9册《苏安世墓志铭》，第81—82页；《避暑录话》卷3，第24页；《默记》卷中，第1—5页；《厚德录》卷2，第11册；《欧阳文忠公年谱》，第12—13页；《宋史》卷379；《宋会要辑稿》第64册《职官》，第

3846页。

7　《涑水记闻》卷3，第8页；《厚德录》卷1，第4页；《宋文鉴》卷148，第13页（参阅《青箱杂记》卷8，第6页；《渑水燕谈录》卷4，第11页）；《续资治通鉴长编》卷163，第12—13页；J. Liu (1962), 140；《栾城集·附录》，第9—10页。

8　《宋会要辑稿》第64册《职官》，第3846页。《续资治通鉴长编》卷157，第3页。《欧阳永叔集》第1册，第17—20页；第18册《神宗实录本传》，第36页《重修实录本传》，第42页；《神宗旧史本传》，第47页。

9　《欧阳永叔集》第5册《醉翁亭记》，第36—37页；第10册《颍州谢上表》，第107页。《颍州府志》卷6，第16—17页。

10　《宋史》卷319《欧阳修传》。

11　《续资治通鉴长编》卷176，第18页。《欧阳永叔集》第14册《辨蔡襄异议》，第20页；《又三事》，第24页；第18册《墓志铭》，第20—21页；《神宗实录本传（墨本）》第36页（《长编》卷176:"先是修守南京，以母忧去，服除入见，上恻然怜修发白，问在外几年，今年几何，恩意甚至，命判史部流内铨。小人恐修重用，乃伪为修奏，乞汰内侍挟恩令为奸利者，宦官人人忿怨。杨永德者，阴求所以中修。"——译者注）。

12　《默记》卷中，第9—10页。

13　《续资治通鉴长编》卷176，第18页、第19页、第22页；卷204，第12页。《欧阳永叔集》第2册《述怀》，第19页。

14　《续资治通鉴长编》卷163，第13页；卷177，第17—18页；卷178，第4—11页。卷180，第2—5页、第18—19页；卷184，第3页；卷191，第15页；卷192，第34页。《宋史》卷285《陈执中传》。《欧阳永叔集》第12册《论台谏官言事未蒙听允书》，第110—112页。《涑水记闻》卷4，第10页。

15　《续资治通鉴长编》卷181，第2—4页、第15—18页；卷184，第7—8页；卷187，第10页。《宋史》卷285《贾昌朝传》。《欧阳永叔集》第13册《论贾昌朝陈枢密使札子》，第8—9页。《宋人轶事汇编》卷7，第251—252页。

16　《续资治通鉴长编》卷185，第1页。

17　《续资治通鉴长编》卷187，第11页、第16页；卷189，第7页。《欧阳永叔集》第13册《请今后乞内降人加罪二等札子》，第21页。《栾城集》卷25《薛夫人墓志铭》，第7页。亦见下文第九章。

18　《范文正公集·褒贤集》卷5，第19页。《能改斋漫录》卷10，第30页、第39页。《水心集》卷1，第10页。《避暑录话》卷2，第19页。《欧阳永叔集》第8册《送陈屠履赴绛州翼城序》，第28—29页；第11册《代辞胥学士启》，第84页；第13册《论逐路取人札子》，第46页；第3册《王质神道碑铭》，第59页；《王旦神道碑铭》，第68—69页；第4册《胡宿墓志铭》，第88页（参阅《续资治通鉴长编》卷195，第2页；卷201，第8页）；负面评价，参阅C. I. Wen (1965)。

19　《欧阳永叔集》第18册《行状》，第12页；《神宗实录本传》，第37页、第38页；《事迹》，第70页。《续资治通鉴长编》卷196，第8页；卷205，第5页。亦见下文第八章。

20　《续资治通鉴长编》卷177，第4页；卷190，第13页；卷144，第6页，卷192，第19—20页。《欧阳永叔集》第12册《论方田均税札子》，第68—119页；第13册《论均税札子》，第40—41页。

21　《欧阳永叔集》第14册《独对语》，第20—21页。

22　《续资治通鉴长编》卷208，第15—17页（参阅《欧阳永叔集》第18册《神宗实录本传》，第38页；《事迹》，第69页）《避暑录话》卷3，第14页）；《东原录》，第16页。

23	《续资治通鉴长编》卷237，第8页。《避暑录话》卷2，第14—15页。《欧阳永叔集》第13册《荐王安石吕公著札子》，第12—13页；《举刘攽吕惠卿充馆职札子》，第45页；《荐司马光札子》，第57页。
24	《温国文正司马公文集》卷30《贡院乞逐路取人状》，第1—5页。
25	《欧阳永叔集》第13册《论逐路取人札子》，第46页（参阅《文献通考》卷31《选举考四》，第292页）。
26	参阅《温国文正司马公文集》卷19《论举选状》，第6—8页；卷35《选人试经义札子》，第2页，卷39《议学校贡举状》，第7—14页《起请科场札子》，第1—6页，卷53《乞以十科举士札子》，第12—13页。
27	《经进东坡文集事略》卷29，第493—498页；《文献通考》卷31《选举考四》，第292页；《宋论》卷4，第21—24页。
28	Nivison(1960),177-201.
29	《水心集》卷5，第3页。
30	《欧阳永叔集》第14册《独对语》，第20—21页。
31	《续资治通鉴长编》卷209，第9页。
32	《欧阳永叔集》第18册《墓志铭》，第20页。
33	《习学记言》卷48，第9—10页。
34	《续资治通鉴长编》卷190，第24页；卷193，第12页。
35	《续资治通鉴长编》卷193，第3页、第12页；《宋会要辑稿》第77册《职官》，第1页。
36	《续资治通鉴长编》，辑佚的文字来自《永乐大典》卷12429，第11页；《龙川别志》卷2，第4页。
37	《续资治通鉴长编》卷182，第1—2页、第11页；卷183，第1—11页；卷189，第16页；卷191，第3页；卷193，第12—15页；卷194，第10页；卷195，第2—7页；卷201，第6页。《欧阳永叔集》第14册《又三事》，第24—26页。《韩魏公集》卷14《家传》，第210—213页。
38	嘉祐六年十月，起复皇侄宗实为泰州防御使、知宗正寺，宗实固辞。——译者注
39	《欧阳永叔集》第14册《又三事》，第24—26页。
40	《续资治通鉴长编》卷506，第4页。
41	《韩魏公集》卷14《家传》，第214页；《续资治通鉴长编》卷199，第15—16页；《欧阳永叔集》第18册《事迹》，第69页；《荥城集》卷25《薛夫人墓志铭》，第7页（参阅《国朝诸臣奏议》卷9，第1—22页；卷10，第1—5页）。
42	《续资治通鉴长编》卷201，第6页；《通鉴长编纪事本末》卷54《光献垂帘》，第1—4页；《韩魏公集》卷14《家传》，第215页；《邵氏闻见录》卷3，第1页。
43	《续资治通鉴长编》卷201，第6页、第16—21页；卷205，第14—15页。《国朝诸臣奏议》卷14《论拜除大臣当密》，第12—16页。《邵氏闻见录》卷3，第2—3页。《宋人轶事汇编》卷8，第337页。《宋论》卷4，第31页。《渑水燕谈录》卷4，第12页。《朱

子语类》卷129《本朝三》，第8页［参阅 Miyazaki（1953）］。

44 《续资治通鉴长编》卷201，第11页；卷204，第21页；卷205，第9—14页；卷206，第18页；卷207，第8—9页、第11—22页；卷208，第2页，第8—9页。《华阳集》卷33，第8—14页。《欧阳永叔集》第14册《濮议》，第29—55页。《韩忠献公年谱》卷30，第1页。《温国文正司马公文集》卷33，第8—9页；卷34，第8—10页；卷35《选人试经义札子》，第2—3页。《经进东坡文集事略》卷24《上神宗皇帝万言书》，第392—393页。关于争议更详细的论述，见《续资治通鉴长编》卷205—207；《通鉴长编纪事本末》卷55《濮议》，第1—16页；《国朝诸臣奏议》卷89—90；K. Y. Ch'eng（1964）。

45 《欧阳文忠公年谱》，第28页；《续资治通鉴长编》卷207，第3—4页、第13页。《欧阳永叔集》第14册《濮议》，第29—55页；《邵氏闻见录》卷3，第2页，第16，第4—5页。《鹤林玉露》卷14，第2页。

46 《欧阳永叔集》第10册《谢枢密副使表》，第123页；《乞出》第136—142页；第11册，第1—7页；第18册《重修实录本传》，第39页第48页。《续资治通鉴长编》卷209，第2页，第5—6页。

47 《续资治通鉴长编》卷209，第6—7页。

48 《续资治通鉴长编》卷166，第1页（参阅《容斋随笔·四笔》卷11，第8页）。

49 《珍席放谈》卷2，第11页。《宋人轶事汇编》卷8，第349页。《续资治通鉴长编》卷209，第5页，第7页。《欧阳永叔集》第11册《神宗御札》，第7页；第18册《四朝国史本传》，第54页。《欧阳文忠公年谱》，第30页。《宋会要辑稿》第65册《职官》，第27页。

50 《二程文集》卷3，第4—5页；《增订欧阳文忠公年谱》，第3页《《二程文集》卷4《代彭思永上英宗皇帝论濮王典礼疏》，第7—11页；《朱子语类》卷127《本朝一》，第3页》。

51 《欧阳永叔集》第18册《神宗旧史本传》，第48页；《东斋记事》卷3，第5页；《东斋漫录》，第1页；《宋会要辑稿》第67册《职官》，第6页。

52 《欧阳永叔集》第5册《序六首》，第74—76页；第8册《与王源叔问古碑字书》，第68页；第11册，第8—12页。《颍州府志》卷9，第13—15页。《渑水燕谈录》卷7，第7页；《挥麈后录》卷1，第29—30页。

53 《欧阳永叔集》第11册《谢擅止散青苗钱放罪表》，第30—31页；第13册《言青苗钱第一札子》，第58页；《言青苗钱第二札子》，第60页。

54 除欧阳修检校太保、宣徽南院使、判太原府、河东路经略安抚使。——译者注

55 《通鉴长编纪事本末》卷69，第6页。

56 《欧阳永叔集》第11册《辞宣徽使判太原府札子二》，第31—32页。

57 《欧阳永叔集》第11册《辞宣徽使判太原府札子五》，第34—35页。

58 《续资治通鉴长编》卷209，第9页。《欧阳永叔集》第11册《蔡州再乞致仕》，第36—40页；第18册《欧阳文忠公神道碑》，第30页；《重修实录本传》，第39页。

SEVEN

CLASSICIST

第七章

经学大师

儒家学术研究涵盖了许多领域。按照传统，共分为四个主要类别，根据价值降序排列如下：古代儒家经典，有时也称为经学，以及与之相关的著作；各种史书；关于其他思想主题的著作；最后是文学和其他文体。像欧阳修这样一位公认的经学家，能够就上述任何一个领域和国家大事发表权威言论。

在经学领域，存在大量文本评论与解读方面的问题。到宋朝时，学者们已经潜心投入数百年，撰写了大量注、疏、正义、补注等。此前数百年间，对于参加科举考试的那些人来说，这些作品之间存在扞格之处完全是无关紧要的。一方面，科举考试系统仅接受一种文本作为官方定本；另一方面，由于书籍极难得到，所以关于儒家经典的许多作品人们通常都无法获得。按照之前的做法，唐朝政府将儒家经典的官方定本刻于石碑之上，以便感兴趣的文人抄录。唐朝雕版印刷术的发展也增加了人们获得《九经正义》一书的可能性，它涵盖了官方认可的注解，不过，截至宋初，此书的传播仍然不够广泛。

宋初，准备参加官方考试的举子都会以某种途径得到这些儒家经典的官版和《九经正义》的抄本，然后开始专心背诵。即使是藏书颇丰的富家子弟，也缺乏超出这些常规要求的动力。在那时，宋朝的知识与唐朝相比尚无不同。[1]实际上,当时政府的态度倾向于反对人们改变对儒家经典的解读。宋初备受敬仰的政治家王旦的表述就极具代表性:"舍注疏而立异,不可辄许。恐士子从今放荡,无所准的。"[2]

随着经济的持续繁荣与教育的不断发展,情况发生了根本变化。开始,雕版印刷术推广到了许多大城市;之后,活字印刷术也投入使用。不仅《九经正义》和儒家经典的官方版本,就连其他许多作品都比以往任何时候普及得多。随着儒学取得空前成就,一个基本问题开始被提出:儒家经典的确切意义到底是什么?在晚唐,曾有一个倡导儒学复兴的小型思想流派。为了他们的目标之一,他们清除了在注疏中积累的许多佛学和道教的内容,并对经过净化的内容进行了严格检验,以便还原儒家经典的本义。到宋朝时,这一思想流派的工作利用有利形势发展成为一种富有活力的运动。[3]

在上述情况下,儒家经典的官方版本已无法保持垄断地位。然而,朝廷的授课者只是重复众所周知的内容,阐述的内容详尽却陈陈相因,不会给学术研究增加任何有意

---

[1] 马宗霍《中国经学史》:"宋初经学,大都遵唐人之旧。九经注疏既镂版国学,著为功令,即重定《孝经》《论语》《尔雅》三疏,亦确守唐人《正义》之法,《三疏》皆定于邢昺……又宋代官学增于前代者也,唯是因袭雷同,既不出唐人《正义》之范,则宋初经学,犹是唐学,不得谓之宋学。"——译者注

义的知识。他们的这种做法透露出一种有时近乎荒谬的狭隘心态。例如，他们通常害怕触及真实性存疑的纬书，因为此书是对儒家经典的补充。然而，这些授课者又自认为有义务保留官方注疏中包含的来自纬书的段落，声称它们令人信服而不容置疑。[1]

知识渊博的学者通过查阅越来越方便取得的其他资料，发现儒家经典的官方版本中存在着很明显的缺陷，诸如来自非儒学的可疑文献、误导性解读以及可能存在的文字错误，这些都会掩盖儒家经典的真正含义。那些致力于儒学复兴的人很快就通过写作与授课推出了自己的解读。最终，他们的学识获得了影响力，其一流的品质也不可避免地得到了各方的认可。他们对儒家经典的研究绝不仅仅是学术活动。他们将古代文献的正确含义视为采取适当行动的基础。他们不仅要为政府输送受过良好教育的人才，还要向全国所有的文人灌输自己的热情，让他们用这种热情去掌握儒家的义理，并将其应用于按照儒家希望推进的社会重塑之中。他们希望建成一个乌托邦式的道德社会，在学者们的带领下，每个人都将在这样的社会中过上高洁的生活。儒家的信仰虽是世俗的，但这些关心一切天下事

---

[1] 《续资治通鉴长编》卷192："（翰林学士杨安国）讲说一以注疏为主，无他发明。引论鄙俚，世间传以为笑。尤不喜纬书，及注疏所引纬书，则尊之与经等。在经筵二十七年。"——译者注

的学者们高瞻远瞩的气魄，确实可与宗教热情相提并论。儒学真正迎来了重生。⁵

庆历新政不过是这场令人振奋的新儒家运动的一次政治表达。例如，它推出政府资助学校的政策，不仅旨在增加学校数量，还希望借此提升学校质量。推出这项政策不仅希望促进实践教育，还希望促进儒家思想对整个社会的渗透。虽然改革计划仅持续了一年，但由于这项特殊政策以完全无人置疑的儒家思想为基础，因此它的合理性使其从原则上获得了长久的生命力。它为教育和儒家思想的进一步传播增加了强劲的动力。

改革者在政治上的失败并没有让他们丧失思想领袖的地位。庆历新政失败十余年后，两位曾对新政表示同情的杰出的新儒家私人学者胡瑗和孙复受命在国子监和太学授课。他们的声望得到了极大提高，许多学生开始认同他们的观点；儒家经典的官方注疏逐渐失去了控制权。全国各地的其他私人学者也备受鼓舞，开始对儒家经典发出质疑和重新解读的呼声。由此发展而成的思想体系后来被誉为"庆历正学"，这也正是宋朝本朝学问发展的开始。将近一千年前，这些在学术研究和解读方面的创新之举，堪称自汉代（公元前206年—公元222年）以来在儒家经典研究方面的首次重大变革。⁶

欧阳修是推动这一变化的关键人物。胡瑗和孙复两人都得到过他的帮助，欧阳修尤其敬重胡瑗。按照欧阳修的说法："先生（指胡瑗）之徒最盛。其在湖州之学，弟子去来，常数百人。各以其经，转相传授。其教学之法最备……庆历四年……以为太学法。"但直到嘉祐元年(1056年)，胡瑗本人才在欧阳修的举荐下被任命到太学就职。"学者自远而至，太学不能容。取旁官舍以为学舍。礼部贡举，岁所得士，先生弟子，十常居四五。"[7]虽然胡瑗的教学方法在他的时代受到高度肯定，但数十年后，人们记住的只有其基本要点。我们只知道，胡瑗既强调大义，又强调实际应用；他的方法虽笼统但扎实；他所使用的术语虽模糊却总是极易理解；他的态度总是不偏不倚。[8]这些特点与欧阳修在学术研究方面的特点极为相似。

欧阳修也称扬孙复。欧阳修在为孙复撰写的墓志铭中写道："不惑传注，不为曲说以乱经，其言简易。"孙复擅长《春秋》学，欧阳修说他"明于诸侯大夫功罪，以考时之盛衰而推见王道之治乱，得经之本义为多"。[9]欧阳修本人就是《春秋》学的权威，他将长子送至胡瑗而不是孙复门下读书。[10]胡瑗和孙复不合，两人在太学经常相互回避。这也为践行儒家思想做了一条令人悲伤的注解。孙复看起来个性张扬，与胡瑗温和的性格大相径庭。[11]他还有一些激进的想法，饱受传统学者的批评，而胡瑗通常都会非常适宜地提出自己的想法，极易为人接受。例如，孙复极力主张彻底修订所有经文及其官方注疏。欧阳修本人只是呼吁删除其中谶纬部分。[12]孙复的狂热态度通过他的首席门人弟子石介可见一斑。欧阳修虽是石介的好友，却言辞犀利地批评他"自许太高，诋时太过……好异以取高"。[13]这种坦率的批评或许在某种程度上也适用于孙复。尽管欧阳修赞同发挥新见解，但他绝不会仅仅因为其标新立异而受到吸引。实际上欧阳修明确表示，他不喜欢那些似乎是"近怪自异"的做法。真正的关键之处应该在于解读的可靠性。

欧阳修的治经方法尤其值得注意。他靠个人研究治经的经验，使其非常重视原始资料的重要性。他说："学无师授之传，其勇于敢为而决于不疑者，以圣人之经尚在，可以质也。"[14]他还换了一种说法："夫世无师矣，学者当师经。师经，必先求其意。"[15][1]

根据欧阳修的说法，伟大的学者通过仔细推理去探寻经文中的含义。"经不待传而通者十七八，因传而惑者十五六"。推理过程当然有其局限性。欧阳修解释

---

[1] 欧阳修还称赞苏洵用类似方法治经。《欧阳永叔集》第4册《故霸州文安县主簿苏君墓志铭》："闭户读书……乃大究六经百家之说，以考质古今治乱成败圣贤穷达出处之际，得其精粹。"——译者注

道:"其久远难明之事,后世不必知,不知不害其为君子者。"只要大体明白就够了,"得其本而不通其末,阙其所疑可也"。[16]

推理的逻辑推论是持续地研究与集思广益。用欧阳修的话说:"经非一世之书也,其传之谬,非一日之失也……使学者各极其所见而明者择焉……然聚众人之善而补缉之,庶几不至于大谬。"[17]欧阳修自豪地宣称,他相信学术探讨历经数百年获得了回应:"余以谓自孔子殁,至今二千岁之间,有一欧阳修者为是说矣。又二千岁,焉知无一人焉,与修同其说也?……同予说者既众,则众人之所溺者可胜而夺也。"[18]通过审慎的研究、敏锐的探讨和最终的验证,最好的解读必将一直沿用下去。

欧阳修认为,治经应该态度审慎:

不见先儒中间之说,而欲特立一家之学者,果有能哉?吾未之信也。然则先儒之论,苟非详其终始而抵牾,质于圣人而悖理害经之甚,有不得已而后改易者,何必徒为异论以相訾也……夫尽其说而有所不通,然后得以论正,予岂好为异论者哉?[19]

欧阳修叹息道,治经已经困难重重,为何还要再雪上加霜？欧阳修学术研究的这些特点在《宋史》中得到了褒扬："于经术，治其大旨，不为章句，不求异于诸儒。"[20]

欧阳修推崇这种治经方法还有另外一个原因。只有严谨地从事儒家经典研究，对其进行全面思考，并详尽无遗地充分考虑其所有含义，学者们方能真正确定经的真相。新儒家们普遍认为，这样一种研究过程恰恰能激发学者们报效国家与社会的儒家热情。

欧阳修治经及所有学术研究的核心是"理"。欧阳修认为，任何"理"均应满足三个标准：简明易解、切实可行、合乎人情。[21]欧阳修用这样的语句来描述自己的理性、务实及人文主义思想："述三皇太古之道，舍近取远，务高言而鲜事实，此少过也……知古明道而后履之于身，施之于事，而又见于文章而发之，以信后世……其道，易知而可法。"[22]

欧阳修认为，经文本身是理性的。"经简而直，传新而奇。简直无悦耳之言，新奇多可喜之论，是以学者乐闻而易惑也"。[23]经学早在汉代已经出现了问题。在儒家思想成为国家信仰之初，它吸收了道家宇宙论者及方士的某些信仰。自那时起，逐渐出现了很多其他非儒家因素，比如"河图洛书"。对欧阳修来说，这些元素完全是怪力乱神。[24]唐朝时并入《九经正义》的谶纬内容也属于同一种类：嘉祐四年（1059年），欧阳修提议删除所有此类段落。仁宗下令抄录所有存在问题的段落，并由他亲阅，但这个问题后来无疾而终，因为几位宰相都不支持修订官版经文。[25]

欧阳修对所有经文都进行了理性分析。他发现《诗经》饱含人类情感，他的这一观点最终被用作对他进行人身攻击的缘由。欧阳修对《周礼》持相当怀疑的态度，怀疑其文字的可靠性，他还怀疑《周礼》描述的大量制度是否确实存在过。[26]欧阳修对《周礼》的研究使他非常注重行政改良，这与王安石正好相反，王安石信奉《周礼》，并注重制度改革。就像很多对《周礼》持保留态度的其他学者一样，《春秋》对欧阳修具有极大吸引力。[27]

所有经文问题中，最错综复杂的当属有关《易经》的问题。当代学者认为，《易经》可能是古代预兆及解释性信息与后世更为复杂的占卜性文字结合在一起的产物。如果《易经》被完全视为神谕，就不会有什么麻烦。在孔子身后许久，很可能不早于汉朝初期，一些不知名的哲学家给它增添了"系辞"等附加材料，声称它包含深刻的宇宙学和玄学原理，这些原理构成了儒学伦理体系的终极基础。支持该主张的是《论语》中的一段话，孔子本人在这段话中说道，如果能够拥有更长的生命，他会将其投入到对《易经》的研究之中。我们现在非常确定，这句引语是后来错误地归到孔子名下的文字讹误，但在宋朝时，没有人质疑这一传统，即孔子将这部书奉为所有儒家经典中最为深奥的一部。使事情变得尤为令人困惑的是，儒家与非儒家学者——儒生、道士、方士和占卜者都如出一辙地经常将这部经用于占卜及其他迷信活动。

对《易经》提出严肃质疑的宋朝学者为数不多，欧阳修就是其中之一。可以理解的是，由于他们所处时代的局限性，这些具有开拓精神的新儒家只是浅尝辄止，并未质疑该书的内容、时期，或者孔子要研究这部经的所谓希望是否属实。不过，他们确实对其附加材料的真实性、有效性及可靠性提出了质疑。欧阳修还试图切断孔子与这部书可疑部分之间的联系，声称孔子研究《易经》的目的应该是澄清其中的宇宙学和玄学，从而使此书不被用来支持迷信行为。[28]对欧阳修来说，儒家思想主张的一切都必须是理性的，因此它必须使自身和社会摆脱一切看似非理性的东西。以欧阳修当时的标准来看，这是一种大胆而又令人耳目一新的解释。

与同时代的人相比，欧阳修的理性更具深度。他坚持认为，即使是对于他视为合理、有效而且可以接受的义理，也不能盲目或迷信地依赖。例如，关于善最终能否打败恶的问题，绝大多数儒家都会断然作出肯定回答。但是欧阳修勇敢地指出，善不一定会取胜：

> 夫天非不好善，其不胜于人力者，其势之然欤？此所谓天人之理……能通其说，则自古贤圣穷达而祸福，皆可知而不足怪。[29]

南宋哲学家对欧阳修治经贡献的评价褒贬不一。他的开拓性努力得到了认可，他非凡的才华也备受尊重，但他的观点通常被认为过于简单，而且他的学术研究缺乏深度。对于一些批评者来说，欧阳修过于倚重经文。欧阳修多次申明，他相信经中所写的内容，但不愿接受其中并不存在的任何东西。[30]在批评者看来，这一信仰具有太多局限性，而且就他自己的理性主义而言，这似乎并不合理，因为这些经中包含了太多晦涩难懂的细节和复杂之处，这使得其中的含义很难不言自明。许多学者都认为，尽管现存的注解存在错误，可信度有限，但仍有益处，不应被完全忽略。正如叶适指出的那样，欧阳修本人也查阅除经以外的其他文献。欧阳修盛赞汉唐帝国，尤其是唐太宗（欧阳修几乎将其等同于古代传说中的明君）的贞观之治，同时他又认为，经中包含的义理完全足以成为践行美德的指导原则，他的这两种观点是相互矛盾的。[31]

以儒学思想的历史背景为参照，就能极为清晰地看到欧阳修理性主义的主要弱点。在构建之初，儒学思想就未能向人们提供一种解释自然世界的哲学基础。因此，巫术和占卜这类迷信的非儒家元素逐渐被纳入经及其注疏，以及以儒学思想为保护伞的很多其他作品之中。但与新道教和佛学深奥而思辨的哲学相比，这些元素几乎毫无吸引力。而在宋朝之前的五百年中，新道教和佛教的哲学甚至赢得了大批受过良好教育之人的追随，而且在宋朝当时仍有大量拥趸。欧阳修的理性主义在范围上过于狭窄，无法在与这些哲学的竞争中胜出。它几乎仅限于人类事务。欧阳修本人对自然现象几乎一无所知或毫无兴趣。比如，当他无法对磁力作出理性解释时，就只拿出毫无说服力的借口说，甚至圣贤们也拒绝讨论推理无法参透之事。[32]他和与其相仿的开明士大夫们抨击朝廷的迷信行为，但却并未提供任何替代之法。如此一来，理性主义者的抨击几乎未建寸功也就是情理中事了。

在宋初所有新儒家中，在学术研究方面与欧阳修最为接近的曾巩，[33]非常清楚欧阳修自成一体的理性主义的不足之处。曾巩曾问道："以非所习见，则果于以为不然。是以天地万物之变，为可尽于耳目之所及，亦可谓过矣。"[34]欧阳修应该很难回答这个问题。

欧阳修因为只一味关注人类事务本身,他甚至无法理解别人因何对人类事务导致的基本哲学问题感兴趣。正如他所说,"修患世之学者多言性,故常为说曰:'夫性,非学者之所急,而圣人之所罕言也。'"如他所见,所有经都未曾论述过"性"。孔子的所有弟子也都从未向孔子请教过"性",而且孔子本人也只提过一次。很多对人类本质问题感兴趣的宋朝学者通常以《中庸》这本典籍中的一个著名段落为出发点。欧阳修认为,相关段落无意于将人们的注意力引向玄学、思辨和冥想领域;相反,它强调培养儒家美德的重要性,并且断言,学习是培养儒家美德的唯一途径。欧阳修还认为:

而好为性说……执后儒之偏说,事无用之空言。此予之所不暇也……为君子者,修身治人而已,性之善恶不必究也。使性果善邪,身不可以不修,人不可以不治;使性果恶邪,身不可以不修,人不可以不治。[35]

欧阳修认为他的观点得到古代伟大哲学家们的支持。孟子曾宣称,人性本善,但仍然必须接受教化。荀子则认为人性本恶,但不会放弃对他们进行教化的努力。扬雄认为人性有善有恶,但他也认为人应该接受教化。欧阳修的结论是，只思索人性而不强调教育注定会徒劳无功。他非但不去面对这个问题，反而把它当成几乎没有实际意义的想法抹去了。无论欧阳修是否拥有其他非凡之处，反正他绝对不是哲学家。

一个并非哲学家的人是否值得被誉为伟大的儒学大师？南宋的新儒学哲学家对此持否定看法。较之前辈，他们更为倾向形而上学。例如，他们将"理"视为普世原理，先验而玄奥。在他们的领导下，新儒家的经学研究获得了新的深度，逐渐被称为"性理之学"，这是一个复合术语，表示人性和普世原理。按照南宋学术研究的标准，欧阳修虽被誉为先驱者，但作为一个过于肤浅的实用主义者，他不能被奉为儒学大师。[36]

南宋的道德标准比之北宋要严苛和僵化得多，或者就此而论，维多利亚时代的英国也是如此。日益奉行的禁欲行为对欧阳修的历史地位也产生了不利影响。例如，欧阳修曾出言捍卫《诗经》中的某些浪漫诗句，反对几位学者认为这些诗句近乎言辞失当的看法。欧阳修认为理性原则从未远离人类情感，所以并未发现这些诗句特别令人不快。他的评论是："唯其肆而不放，乐而不淫，以卒归乎正。"[37]这一申辩几乎没有被接受。对于南宋许多品行高洁的经学家来说，这或许反映出欧阳修本人的行为失当之处。

北宋士大夫追随唐朝的生活方式，绝非禁欲主义者。范仲淹据说曾与一年轻娼妓相爱。因行为正直而备受尊敬的司马光，也未曾放弃写作情爱主题的词。欧阳修则比他们所有人都更胜一筹，纵情恣意地享受所有生活乐趣。[38]朱熹严厉批评欧阳修的这种生活态度，称欧阳修"要做文章，都不曾向身上做工夫，平日只是以吟诗饮酒，戏谑度日"。朱熹认为，这种行为暴露了欧阳修的哲学思想缺乏深度，而这只能归因于其学术研究的肤浅。[39]因此，欧阳修不能被视为伟大的儒学大师。

欧阳修及其批评者都没有处理儒家思想演变的基本难题：必须认识到正统解经日益增大的压力，以及其与数量和种类不断增加的个人解经之间的冲突。欧阳修在很多核心问题上与他所处时代的正统观点存在分歧，并试图推行自己的解经方式与成果。欧阳修确信自己观点的正确性，而其他学者也同样如此。[40]作为开拓者，欧阳修帮助打破官方经版的统治地位，以便对此进行探讨，他认为，通过探讨，真知终将呈现。欧阳修没有预见到的是，当各种不同意见出现时，就会存在大量摩擦。当王安石通过援引自己"荆公新学"的特定解经来推行熙宁变法，之后又将这些解读强行确定为国家新的正统解经时，这个问题就已不再是学术争端或知识争议，而成为政治权力斗争不可分割的一部分。[41]

当儒家思想寻求对时代变革作出回应之时，正统性与多样性之间必然会发生冲突。苏东坡的弟弟苏辙也曾受过欧阳修的提携，他在熙宁变法时意识到，使儒家思想免于内部冲突的唯一途径，是在一种宽泛构建的正统之下，允许各竞争学派之间的多样性共生并存。这种多元化使学者们能够在多种解经中自由选择，或得出自己的独立结论。[42]但苏辙的建议无人采纳，并淹没在朋党政治的纷乱之中。

倘若没有党争，儒家思想是否有可能在普遍的正统观念中包含对经书的多样化解释？这很难说。毕竟正统的儒家思想极力压制对经书的多样化解释。解经多样化是不断变化的政治、经济和社会条件的产物，当以意识形态为导向的众多学者们（特别是那些非官僚出身的学者）发现，现有的解经并未体现他们对儒家思想内涵的理解时，解经的多样性便应运而生。但是，拥有正统解经的需要是压倒性的。大多数文人并不以意识形态为导向，他们希望看到国家科举考试系统采用一套无可争辩、清晰明确的标准。官僚机构则按照其一贯做法，为统一标准而努力。皇帝偏爱正统解经：这将为他提供一种强化控制士大夫的手段。对于皇帝、官僚机构和大多数文人来说，多样性解经只会令人无所适从。[43]

新儒学最终演变为以选择理学作为新的正统思想而告终。个体学者仅可在严格规定的范围内发表不同意见。欧阳修及其同时代人勇于开拓的精神只能得到有限的鼓励与尊重，如果这种开拓精神出现卷土重来的任何迹象，正统思想则决不容忍。新儒学正在日渐衰老，它的成长已经放缓。

1　T. H. Ma (1936), 109-110.
2　《文献通考》卷30《选举考三》，第286页（参阅《朱子语类》卷129《本朝三》，第7页）。
3　Pulleyblank(1960).
4　《续资治通鉴长编》卷192，第11页。
5　Nivison (1959).
6　H. J. P'i (1923), 47-48; J. Liu (1957), 109-110.
7　《欧阳永叔集》第3册《胡瑗墓表》，第98—99页（第13册《留胡瑗勾管太学状》，第10页）；《续资治通鉴长编》卷184，第14—15页；《宋史》卷432《孙复传》；《文献通考》卷46《学校考七》，第431—432页；赵铁寒《宋代州学》。
8　《宋元学案》卷1，第25—31页；《朱子语类》卷129《本朝三》，第6—7页；de Bary et al. (1960)，439—441。
9　《欧阳永叔集》第9册《孙复可秘书省校书郎国子监直讲制》，第109页；第4册《孙复墓志铭》，第17—18页（《续资治通鉴长编》卷149，第11186页；《宋史》卷432《孙复传》）；《文献通考》卷42《学校考三》，第395页；《儒林公议》卷上，第14—16页）。
10　《宋元学案》卷4《庐陵学案》，第67页。
11　《朱子语类》卷129《本朝三》，第7页（《宋史》卷432《孙复传》："(孙复)与胡瑗不合，在太学常相避。"《朱子语类》："孙较弱；石健甚，硬做。"——译者注）。
12　《欧阳永叔集》第13册《论删去九经正义中谶纬札子》，第15—16页（《续资治通鉴长编》卷191，第13—14页；《朱子语类》卷129《本朝三》，第6页）。
13　《欧阳永叔集》第8册与石推官第一书、第二书，第46—48页（参阅《增订欧阳文忠公年谱》，第8页；《宋元学案》卷2，第96—104页；《宋史》卷432《石介传》）。

14 《欧阳永叔集》第9册《易童子问卷三》，第62页（参阅马宗霍《中国经学史》，第109—110页；《增订欧阳文忠公年谱》，第41页；《欧阳永叔集》第8册《回丁判官书》，第64页；《宋元学案》卷4《庐陵学案》，第67页）。

15 《欧阳永叔集》第8册《答祖择之书》，第70—71页。

16 《欧阳永叔集》第3册《易或问三首》，第29页；《春秋或问》第36页；第5册《帝王世次图后序》，第73页；第18册《行状》，第9页。

17 《欧阳永叔集》第6册《答宋咸书》，第10页。

18 《欧阳永叔集》第5册《廖氏文集序》，第67—68页（《栾城集》卷22《上两制诸公书》，第9页；Y. T. Lin [1947], 291）。

19 《欧阳永叔集》第5册《诗谱补亡后序》，第50—52页。

20 《宋史》卷319《欧阳修传》（《欧阳永叔集》第18《神宗实录本传》，第36页）；《欧阳永叔集》第8册《答徐无党第二书》，第72页。

21 《欧阳永叔集》第1册《送黎生下第还蜀》，第11页；第9册《易童子问》卷三，第63页；第14册《六经简要说》，第134页。

22 《欧阳永叔集》第8册《与张秀才第二书》，第45—46页。

23 《欧阳永叔集》第3册《春秋论上》，第33页（苏轼序，亦见第18册《祭文》，第3页；第9册《易童子问》，第54页）。

24 《欧阳永叔集》第5册《廖氏文集序》，第67页 [参阅第5册《帝王世次图后序》，第73页；M. Ch'ien (1953) 1:11-12]，第6册《问进士策四首》，第17页；亦见第2册《读书》，第52页。

25 《欧阳永叔集》第13册《论删去九经正义中谶纬札子》，第35—36页（第5册《廖氏文集序》，第67—68页；第14册《崇文总目叙释》，第57—60页；《增订欧阳文忠公年谱》，第40—41页。马宗霍《中国经学史》，第110—111页）。

26 《欧阳永叔集》第6册《问进士策三首》，第12—13页（Uno [1942]）；第7册《代曾参答弟子书》，第69页。

27 《欧阳永叔集》第9册《易童子问》卷三："孔子之文章，《易》《春秋》是已。"（第63

页 —— 译者注）

28 《欧阳永叔集》第3册《易或问三首》，第28—30页；第6册《南省试进士策问三首》，第16页；第7册《诗解统序》，第75—78页；第8册《传易图序》，第33—35页；第9册《易童子问》卷三，第62页［d. H. J. P'i（1923），47；马宗霍《中国经学史》，第124页；Fung（1948），138—142，166］。

29 《欧阳永叔集》第5册《送张唐民归青州序》，第60—61页。

30 《欧阳永叔集》第3册《春秋论上》，第33页；第5册《帝王世次图后序》，第73页。

31 《扪虱新话》卷1，第1—2页；《习学记言》卷47，第10页，卷50，第11页；《宋元学案》卷4《庐陵学案》，第66页。

32 《欧阳永叔集》第14册《物有常理说》，第124页。

33 《续资治通鉴长编》卷135，第9—10页。

34 《宋元学案》卷4《庐陵学案》，第66页。

35 《欧阳永叔集》第6册《答李诩第二书》，第2—4页。

36 《麈史》卷中，第8页；《杨龟山集》卷2，第32页。

37 《欧阳永叔集》第5册《礼部唱和诗序》，第69—70页，参阅 J. J. Y. Liu（1963），67，7:77，81。

38 《邵氏闻见录》卷10，第1页。《宋人轶事汇编》卷6，第209—210页，卷8，第309页、第344—348页、第354页。《侯鲭录》卷8，第1页。Lin（1947），183。《钱氏私志》，第3—4页。《渑水燕谈录》卷4，第5页；《扪虱新话》卷8，第3—4页。《东斋漫录》，第1页。Tanaka（1953）；亦见前文第五章、第六章。

39 《朱子全书》卷59，第4页；《朱子文集》卷12《读唐志》，第447页。

40 《欧阳永叔集》第2册《获麟赠姚辟先辈》，第4页；第5册《集古录自序》，第52页；第8册《回丁判官书》，第64页、第70—71页。

41 《习学记言》卷39，第14页；《十驾斋养新录》卷6，第142页；Takeuchi（1954）。

42 《栾城集》卷37《言科场事状》，第9—10页。

43 参阅 Sun（1953）。

EIGHT

HISTORIAN

第八章

史学家

18世纪史学大家章学诚曾经说过"六经皆史"。[1]章学诚的言论名声太盛，以至于王阳明在16世纪初发表的几乎完全相同的言论（王阳明说过五经皆史。——译者注），基本上已无人记起。[2]章学诚是基于如下内容作出这一表述的，即古人在讲道理时，总是摆出诸如古代统治者的功绩、制度、法典和习俗等事实加以说明。[3]这呼应了欧阳修很久以前就曾说过的话："君子之于学也，务为道，为学必求知古……凡此所谓古者，其事乃君臣上下礼乐刑法之事。"[4]

　　在经学中，欧阳修最喜爱的是《春秋》。它以"谨严而简约"的风格，记录了具有实际价值的信息，从而体现了作者正确的方法论。[5]对欧阳修最具吸引力的是《春秋》凝练的语言风格。欧阳修对这本经书中的古代历史研究兴趣寥寥，他认为其中并未包含足够的史料。伴随《春秋》出现并大致覆盖相同历史时期的是两部名为《公羊传》和《谷梁传》的注释性著作。此外还有一部名为《左传》的著作，它详细描述了政治事件，并对相关细节进行了一些富有想象力的重建。这三本书是较为次要的经学著作。欧阳修将其视为注疏，而且可信度较低，因为他通过研究发现这几部书中存在明显缺点（例如，同一人，《公羊》《谷梁》以为男子，《左传》以为妇人）。[6]《春秋》记载简略这一点并未给欧阳修造成困扰。他说，"其久远难明之事，后世不必知……孔子皆不道也","以其世远而慎所不知也"。对欧阳修来说,在无法确定真实性的情况下补充细节是一种严重的错误。他认为汉朝学者是糟糕的史学家,因为他们将"奇书异说"融入其历史著述中,这些"奇书异说"有时是根据传闻得来,有时甚至是根据他们自己的想象得来。司马迁撰写的不朽巨作《史记》也受到欧阳修的批评:"至有博学好奇之士,务多闻以为胜者,于是尽集诸说而论次,初无所择而惟恐遗之也,如司马迁之《史记》是也。"[7]

在欧阳修看来,历史必须依靠史料。他不喜欢以前的著述是因为这些著述缺乏史料。他对金石学极感兴趣,热衷于寻找青铜器、石器和其他文物,它们"上自周穆王以来,下及秦汉隋唐五代,外至四海九州,名山大泽,穷崖绝谷,荒林破冢"。传写可能会失真,因此欧阳修制作拓本并进行归类和注释。他由此撰写了闻名于世的《集古录》,其中收集的金石拓片多达千卷。[8]欧阳修坚持认为,收集史料是研究历史的第一步,务必做到详尽无遗方可。史料一经发现应当尽快记录下来。因为他本人尚未做好进一步撰写中国早期历史的准备,欧阳修倾向于"因并载夫可与史传正其阙谬者,以传后学,庶几于多闻"。[9]"神仙鬼物,诡怪所传,莫不皆有";"释氏道家之言,莫不皆有"。无论其研究价值如何，欧阳修都会将发现的每一件物品保留下来。

欧阳修也关注书目和宋朝当代史料两种历史资料。欧阳修自景祐元年（1034年）开始参与《崇文总目》的编纂工作。景祐三年（1036年），欧阳修与范仲淹一起被罢离朝，他对该书的编纂工作也随即停止。《崇文总目》是崇文院所藏图书的目录，著录3445部图书。这本目录"每书之下，必著说焉"，并凭借这种"新意"，该书超越了以前的目录书。这些说明性注释"清晰而全面"，为之后的书目树立了典范。[10]欧阳修参与该项目时官位较低，但他为该书做出的贡献可能高于其分内之事。正是欧阳修撰写了带有注释性质与编纂方法的释文。庆历元年（1041年）《崇文总目》完成后，欧阳修仍时常注意修订该书。正如后来他指出的那样，《崇文总目》"然或相重，亦有可取而误弃不录者"。[11]另外，"兵书与天文为秘书，独不与"，编修者无权阅读。欧阳修任参知政事后，于嘉祐七年（1062年）专门奏请皇帝恩准开放这些书籍，将秘书善本汇总一起校勘，所有这些书籍都予以抄录、核查，然后将其编入了《崇文总目》。直到那时，这次著名的编纂工作才算圆满完成。[12]

欧阳修在为后世史学家保存当代文献资料方面也同样勤勉不辍。嘉祐四年（1059年），欧阳修在国史院编修《新唐书》时发现，国史院的一些程序差强人意。与以前各个朝代一样，宋朝政府也设置史官收集重要的政府记录，并编纂《国史》。虽然在参考特定先例时偶尔也会使用这些文献，但其主要目的是为后人留史，继任王朝遵循悠久传统，成立委员会并利用这些文献资料来编写前朝的正史。[13]欧阳修发现，之前负责《国史》编修的官员将编修完毕的《国史》进呈皇帝，并销毁了所有草稿。欧阳修认为，这两个步骤皆不可取。草稿应保留下来以备参考，而最终版本也不应进呈皇帝，因为知悉皇帝会御览书稿或许会令史官感到尴尬。欧阳修就这一问题向皇帝进呈奏议，内容如下：

今时政记虽是两府臣僚修纂，然圣君言动有所宣谕，臣下奏议事关得失者，皆不纪录，惟书除目、辞见之类，至于起居注亦然，与诸司供报公文无异。修撰官只据此铨次，系以月日，谓之日历而已。是以朝廷之事，史官虽欲书而不得书也。自古人君皆不自阅史，今撰述既成，必录本进呈，则事有讳避，史官虽欲书而又不可得也……并乞更不进本。[14]

书法是欧阳修在撰写《新唐书》时所写的笔记（来自故宫藏品）。

关于已经上呈的部分国史，欧阳修请求抄录并送回国史院以供参考。[15]他的请求仅得到部分批准。朝廷同意，不应销毁国史的前期草稿，而且国史院应保留最终版本的抄本，但欧阳修反对将国史进呈皇帝的意见仅被提及，却并未得到准许。因而，这一做法仍被沿用。

欧阳修意识到史官的独立性并未受到政府自始至终的尊重，因而官方记录总是遭受诸多限制和约束。从这个角度来看，私人记述具有很高的价值。宋朝很多士大夫喜欢在私人笔记中记录其经历，以及偶然收集到的有趣信息。这些随意的回忆撇开严肃话题，只涉及闲谈和神鬼传说，这些闲谈和故事彼此常常毫无关联，也没有明显的顺序或条理。[16]然而，有时这是作者蓄意将政治敏感事件隐没于无关紧要的内容之中。许多私人笔记保存了丰富的历史数据。由于其性质参差不齐，传统书目不会将这些笔记列为真正的历史著述。它们充其量被列为"杂史""杂著"，有时与传奇小说一起被列在"故事"类型下。欧阳修就留下了这样一部笔记作品，名为《归田录》。用他的话来说，"《归田录》者，朝廷之遗事，史官之所不记，与夫士大夫笑谈之余而可录者"。[17]

欧阳修在历史领域久负盛名主要归功于他撰写的《新五代史》及参与编修的《新唐书》。这两部著作虽然并未达到取代旧五代正史的目的，但确实因其独具众多优点而被纳入正史之中。宋初的《旧唐书》不过是一部官方档案汇编。因宋朝学术质量的提升，该书受到越来越多的批评，朝廷最终又成立了编委会，重新编修。宋祁从一开始就负责编修列传。欧阳修可能也编修过一些列传，但考虑到宋祁资历深厚，欧阳修并未声称自己擅长写作列传。欧阳修的主要职责是这部史书的其余部分：本纪，大量的表及关于各种制度的志。欧阳修十分重视这些制度的运行方式，其在实现目标过程中遇到的困难，及其变更模式。[18]

欧阳修很早就对五代——宋朝之前那段分裂与动荡的时期——怀有浓厚兴趣，并且这种兴趣贯穿其一生。欧阳修年轻时虽然很少有时间研究历史，但仍提议与朋友尹洙合作撰写五代史，尹洙也是一位杰出的古文家并擅长《春秋》。不幸的是，尹洙英年早逝，仅撰写了四千余字的《五代春秋》。景祐三年（1036年），欧阳修被贬至夷陵，在那里他兴致寥寥，因此决定独自继续撰写五代史。[19]在整个仕宦生涯中，每当欧阳修被委派到偏僻的地方任职，他就会致力于研究工作。有时，欧阳修会将草稿送给朋友梅尧臣交流讨论。欧阳修向梅尧臣透露，他为自己在这一著述中采用的原则、作出的判断以及确定的非传统分类感到自豪。然而，欧阳修说他只会与几位好友就此进行探讨，至于其他人，他认为他们将无法理解这些问题。[20][1]当然，欧阳修正在撰写《五代史》并非无人知晓。嘉祐五年（1060年），欧阳修再次身居要职之后，朝廷让他进呈《五代史》的手稿，这是他的荣幸。欧阳修选择了拒绝，理由是《五代史》手稿还难以令人满意甚至尚未完成，因为此前身处远地，

---

[1] 《与梅尧臣书》："闲中不曾做文字，只整顿了《五代史》，成七十四卷，不敢多令人知。深思吾兄一看，如何可得。极有义类，要好人商量。此书不可使俗人见，不可使好人不见。"——译者注

很难收集查阅参考资料，而且由于他最近参与编修《新唐书》，无暇进行私人写作。[21]欧阳修终其一生都不愿公开《五代史》，因为他认为很多杰出的士大夫，尤其是他的政治对手，都不会赞成这部著作。欧阳修去世不久后，朝廷命其家人进呈《五代史》手稿，目的是将其正式出版，以此向欧阳修表达身后的敬意。正如欧阳修的先见之明，《五代史》的刊行由于王安石的反对而搁置，王安石认为"其文解多不合义理"。五年之后该书才得以刊行，这也使欧阳修伟大史学家的地位得到了认可。[22]

《新唐书》和《新五代史》都具有文字典雅简洁的特点，尤其是后者。这两本史书文采斐然，在历代正史的读者中广受欢迎。然而，作为历史著作，它们又饱受批评。由于文字过度精练，它们经常仅提供最基本的总结。[23]这一缺陷是它们无法按照预期取代《旧唐书》和《旧五代史》的主要原因。

《新唐书》被进呈朝堂请求恩准时，编修者声称，此书"文省于旧"，与《旧唐书》相比"事增于前"。[24]后世很多史学家在这两点上均持反对意见。如果编修者没有因为坚持简洁，而选择删弃那些见于《唐实录》中的若干史料，那么《新唐书》的参考价值会比实际情况高得多，北宋灭亡时，《唐实录》已佚。虽然《新唐书》比《旧唐书》可读性更强，但其信息量却不及后者，因而无法满足那些对史料感兴趣的读者。例如，其他正史通常都会提及所谈人物的家庭背景，但《新唐书》的列传部分却并未采用这一做法（这并非欧阳修的想法，而极有可能源于杰出唐史学家吕夏卿的影响）。[25]学者们在设法追溯列传人物的社会出身时，就会因为这类信息的缺失而遇到极大障碍。该书的另一个缺点是由欧阳修的文学品位导致的。唐朝大多数文献都使用辞藻华丽、堆砌典故的骈文写成，而欧阳修不喜骈文。因此，他要么把这些唐朝文献全部删弃，要么将其砍削编纂成他喜欢的样子。[26]后世学者认为，欧阳修在这样做的过程中破坏了其中大部分历史价值。

欧阳修及其同僚将从旧史书未使用的文献中得来的信息加入新史书之中。然而，他们似乎并未足够审慎地核实这些信息的真实性。一些批评家甚至指出，他们在明知文献内容可疑的情况下仍然使用了这些史料。无论如何，《新唐书》中包含许多错误：一位后来的史学家将其谬误划分为20类。在该书出版时人们就已经注意到它的一些不足之处。[27]司马光在编纂其传世之作《资治通鉴》时选择依靠《旧唐书》，因为它更为忠实地保留了原始史料的内容。

尽管五代时期政权更迭频繁，由于沿袭对历史的充分尊重，所以五代时期的大多数记录都得以保存完好。就像《旧唐书》一样，《旧五代史》只是遵循这些记录，并没有试图进行解读。[28]而这正是让欧阳修和其他几位学者不悦的原因，他们希望看到该书能够重修。欧阳修的《新五代史》主要是解读性的。他很少关注事件，认为其中很多是乱世之间微不足道的小事件，或是佛教影响带来的不良结果，抑或是几乎毫无意义或价值，因此将其从书中尽数剔除。欧阳修反而专注于通过有选择地提出事实来发展和运用说教概念，以便支持道德判断。欧阳修通常会在《新五代史》各卷的卷末探讨他之所以如此选择和安排信息的原则，之后是对本卷道德信息的注述。一些批评家抱怨说，这些探讨和注述对五代的各种弊端进行了过多的谴责。欧阳修则为自己进行了辩护，坚称五代混乱已极，似乎只有激烈言辞方能适用。[29]

对历史进行说教性解读的核心是《春秋》确定的褒贬原则。几个世纪以来，史学家已经接受了这样的观念：史官一职赋予其义不容辞的责任，必须通过明智而审慎地评价历史人物来维护政治道德。但欧阳修是第一位系统应用这一思想的史学家。他怀着极大热忱继续奉行其最喜欢的《春秋》的精神，并设置了新的列传类型，例如"死节传"

（从字面上讲，是坚贞不屈而死）和"死事传"。[1]在颂扬那些虽生于道德沦丧礼义崩塌的乱世，但仍坚定奉行高标准政治道德的人物时，欧阳修努力总结出这一深刻教训：忠诚的儒家应始终遵循正道，珍视美德甚于珍视生命。[30]

欧阳修在《新五代史》中有贬有褒。先后在五朝为相，服侍过八位皇帝的冯道，作为失节的象征被欧阳修专门挑出来，从此冯道落下了不忠不义的骂名。冯道曾被同代之人高度评价为有良知的儒士，但根据宋朝新儒家的严苛信条，他根本算不上儒士。[31]欧阳修为他撰写的杂传里充斥着道德愤慨。

欧阳修的评价并不总是如此明确：有些评价是通过微妙的史学技术进行传达的。为众多史学家所用的一项技术是通过寓褒贬于一词来作出隐讳评估。另一项技术是由欧阳修发明的，可以描述为"通过交替使用抑扬来进行补偿"。在为大体高尚之人作传时，欧阳修会强调他的主要成就，不提及他的轻微缺点；但在史书的其他部分谈及相关主题时，则会全部指出此人的这些缺点。18世纪史学大家赵翼称赞这项技术毫不隐晦且明智，推荐所有历史著作使用这一技术。这种技术有助于通过将一个高尚之人的

---

[1] "死节传"与"死事传"分别见《新五代史》卷32、33。——译者注

行为变得更为振奋人心，而促进美德的传扬，同时又能保持历史记录的可信性。[32][1]欧阳修发明出这项技术展现出他的悲悯、温情，以及他对历史这种道德指引途径的关注。欧阳修的历史道德标准虽然严苛，却不会严厉或轻率地使用。

欧阳修称《新五代史》中的注出自其亲戚兼门人弟子徐无党之手，但现代学者认为这些注出自欧阳修本人之手。[33]欧阳修或许担心他对政治行为的道德判断虽然仅涉及过去，但仍有可能为当时白热化的党争提供更多动力。然而徐无党与政治毫无关系（巧合的是，他的姓意为"逐渐"，他的名"无党"表示"没有朋党"或"没有党派偏见"）。欧阳修关于说教性的注由徐无党撰写的说法，大大消除了这些注的令人迷惑之处。

尽管欧阳修的技术和风格受到后世史学家的称赞，但人们普遍认为他对研究对象的激烈道德评价过于热切。章学诚认为，欧阳修仅以说教方式看待历史极为偏颇。[34]人们可以接受解读历史，但欧阳修的史书中充斥着过多的情绪化议论。因此，大多数史学家仍继续把《旧五代史》作为真实的参考书来使用。与欧阳修相比，司马光被视为更

---

[1]　见赵翼《陔余丛考》卷11《新唐书得史裁之正》。——译者注

为优秀的史学家。他的《资治通鉴》是继《春秋》之后的又一部编年体史书，记录了上起周威烈王二十三年（公元前403年）、下迄后周世宗显德六年（公元959年）的历史轨迹。该书同样文风简洁，且亦是为说教而作，但并不像欧阳修的史书那样固执己见、好发议论。故而，相比文采，更感兴趣史笔的学者们通常会阅读《资治通鉴》或其各类缩写本，而不是欧阳修撰写的史书。[35]

正统论是儒家史学的一个重要问题，欧阳修对此有自己的看法。常规看法是合法王朝持续更迭，每个王朝都将其合法性归功于五行相胜，归功于其王道之治，归功于其来自此前合法统治者的血统，或归功于这些因素某种程度的共同作用。对欧阳修来说，五行理论在理性方面缺乏合理性。合法性基于血统的主张通常出于政治动机，它忽略了这样一种现实：某些朝代虽正，但只控制了传统中国疆域的几个弹丸之地，而被视为非法篡位者的其他政权反而统一了大片国土，并长期执政。"合法性"用术语被称为"正统"，正如欧阳修对该词所作的解释那样，"正统"包括两个单独的要素："正"，指王朝继承的道德权力，而"统"则为统一的政治控制事实。

有时，这两个要素根本不会同时发生。虽然欧阳修是卫道士，但他也指出，政权缺乏王道并不会抵消统一的事实。[36]他甚至还坚称，在执政伊始缺乏道德权力的王朝，或许能通过稳定的统治逐渐获得正统。他也不同意"正统"这一概念，"凡为正统之论者，皆欲相承而不绝。至其断而不属，则猥以假人而续之，是以其论曲而不通者"。[37]根据欧阳修的理论，王朝的正统性仅在国家分裂时出现了中断，即过去的正统在汉朝之后的三国时期、晋朝之后的南北朝时期及唐朝之后的五代时期分别断绝。这一观点虽然是一项重要而合理的贡献，但并没有被普遍接受。[38]皇权更迭的正统路线存在断层以及实现统一的既成事实会授予正统，这两种观点对于传统儒家思想来说很难接受。很多史学家继续寻找将以某种方式重申旧有信念的方案，即只有王道才会带来正统，而且只有正统政权方能统一中国。几个世纪后，由于需要解释靠征服而建立的元和清这两个王朝的存在，史学家在解释何为正统的问题上面临更为巨大的困难。

欧阳修还为史学的一个次要分支家谱学做出了重要贡献。宋朝新兴士大夫阶层成员羡慕世家大族保留着数百年来显赫祖先和父系亲属的大量记录，于是设法效仿他们。当然，那些试图通过追溯家庭起源以获得高贵出身来提高声望的人，经常找不到足够的可靠事实来证实其主张,[39]但人们对家谱的兴趣却大大增加。世家大族在鼎盛时期曾保持着庞大的"族"(大约为宗族组织)。他们的家谱遵循嫡长子继嗣并记录所有族人,也包括那些经常被忽视的族人。在宋朝,"族"一词开始意指规模大大缩小的亲属群体,主要是指家庭较为亲近的分支。[40]随着社会流动性的增加,远亲不再比邻而居。因此,编修家谱的旧方法变得过于繁琐和混乱。欧阳修和苏东坡之父苏洵各自发明了编修家谱的新方法,而且两人欣喜地发现,他们的方法竟然大致相同。[41]从那时起直至20世纪初,所有家谱的编修都遵循他们这两种方法的原理。无论是否为嫡长子继承,都遵循将直系血亲作为族谱的主干。仅将直系三代以内的后代记录下来。人们认为疏远的分支会单独拥有各自的家谱。家谱也具有社会学意义:它们有助于加强家族团结,而这正是儒家的理想。[42]

尽管欧阳修的史学技能饱受批评,但他也应被誉为杰出的史学家。他与人合修了一部正史,又独自私修了另一部正史,同时还是考古学的先驱、伟大的目录学家、宋朝当代史料的保存者、开创性思想家,还对史学各个分支都做出了杰出贡献,除了为数不多的几位前辈、同辈和后辈外,诸般成就使欧阳修几乎令所有人都望尘莫及。

1 Demieville (1961), 178-181 (Nivison [1966])。
2 Y. F. Chin (1957),233。
3 I. C. Y. Hsii (1959),138n5.
4 《欧阳永叔集》第8册《与张秀才第二书》，第45页。
5 《欧阳永叔集》第3册《春秋论上》，第32—34页；《春秋或问》，第36页；第9册《论尹师鲁墓志》，第13—14页。
6 《欧阳永叔集》第3册《春秋论下》，第35—36页；第2册《获麟赠姚辟先辈》，第4页；第3册《春秋论上》，第31—32页。
7 《欧阳永叔集》第5册《帝王世次图序》，第71—72页；亦见第8册《与张秀才第二书》，第45页。
8 《欧阳永叔集》第15册《集古录目记》，第49—50页［《宋史》卷319《欧阳修传》；Needham (1956), 2:394］。
9 《欧阳永叔集》第15册《集古录目记》，第50页。
10 《欧阳永叔集》第14册《崇文总目叙释》，第57—60页（《文献通考》卷207《经籍考三十四》，第1710—1711页；《续资治通鉴长编》卷134，第18页；《增订欧阳文忠公年谱》，第7页）；Teng and Biggerstaff (1950)，18—19。
11 《文献通考》卷174《经籍考一》，第1509页。
12 《续资治通鉴长编》卷193，第5页；《宋会要辑稿》第56册《崇儒》，第2234页。
13 L. S. Yang (1961),46-68.
14 《欧阳永叔集》第12册《论史馆日历状》，第108—109页［《续资治通鉴长编》卷282，第6—7页；L. S. Yang (1961), 45-65: Gard.ner (1961)，88—94］。
15 《续资治通鉴长编》卷190，第16页。
16 Franke (1961), 116.
17 《欧阳永叔集》第5册《归田录序》，第74页。
18 《石林燕语》卷4，第3—4页；《墨庄漫录》卷8，第10页［参阅《续资治通鉴长编》卷192，第2页；Y. F. Chin (1957)，104］。
19 《欧阳永叔集》第4册《尹师鲁墓志铭》，第25—26页；第8册《与尹师鲁书》，第60页（参阅《河南先生文集》卷28，第40页；《增订欧阳文忠公年谱》，第9页；《渑水燕谈录》卷6，第3页）。
20 《欧阳永叔集》第17册《与梅尧臣书》，第43页。
21 《欧阳永叔集》第13册《免进五代史状》，第35页。

22	《宋会要辑稿》第56册《崇儒》，第2259页；《续资治通鉴长编》卷263，第21页；Y. F. Chin(1957)，136—137。
23	L. S. Yang (1961), 49; Y. F. Chin (1957), 104-105; M. S. Wang (Ch'ing),93:4.
24	Y. F. Chin (1957), 104-105.
25	Pulleyblank (1961), 149-150.
26	Y. F. Chin (1957), 104-105, de Bary et al. (1960),493.
27	L. S. Yang (1961),43；Pulleyblank (1961), 157.
28	G. W. Wang (1958); Y. F. Chin (1957), 106.
29	Y. F. Chin(1957)，137（参阅《佛祖统纪》卷49，第364页，第474页；《释氏稽古略》卷49，第870页；《容斋四笔》，第38页；《容斋三笔》卷7，第65页，卷9，第81页）。
30	Gardner (1961), 12-14; Y. F. Chin (1957), 136-138, 229-230; M. S. Wang (Ch'ing), 51:8, 93:4; I. C. Liu (1948), 1m J. Liu (1959a); L. S. Yang (1961),52; I. C. Liu (1948),177-180.
31	G. W. Wang (1962).
32	L. S. Yang (1961),52.
33	L. S. Yang (1961),52；I. C. Liu (1948), 177-180.
34	Y. F. Chin (1957), 136-138.
35	L. S. Yang (1961),49；Pulleyblank (1961); de Bary et al. (1960),448-450, 493-494.
36	《欧阳永叔集》第3册《正统论上》，第10—11页；第7册《原正统论》，第53—61页（参阅《栾城集》卷17，第13—15页）。
37	《欧阳永叔集》第3册《正统论下》，第12—13页；第3册《或问》，第16—17页；第7册《明正统论》，第54—57页；《正统辨上》第61—62页。
38	参阅 de Bary et al.(1960)，503—509。
39	《欧阳永叔集》第6册《与曾巩论氏族书》，第8页；第8册《与王深甫论世谱贴》，第76页［参阅《韩魏公集》卷1，第11—14页；卷8，第120页；卷10，第153—155页；《避暑录话》卷2，第13页。Aoyama（1951），19-37. Sudo（1950），9—76］。
40	Makino (1949); Shimizu (1942).
41	《嘉祐集》卷13《谱例》，第1—8页［参阅《经进东坡文集事略》卷17《劝亲睦》，第257—259页；《直讲李先生集》卷15，第11—14页；《文献通考》卷207《经籍考三十四》，第1705页；《麈史》卷中，第1页; K. T. P'an（1933）；T. H. Yang（1941）］。
42	H. C. W. Liu (1959), (1959a).

NINE

POLITICAL

THEORIST

第九章

政治理论家

欧阳修对儒家政治思想的原创性贡献主要体现在他的两篇著名文论《朋党论》和《本论》中。《本论》倡导复兴儒家社会制度,削弱佛教影响。[1]严格来说,这两篇文章所谈均为实用的治国之道而非政治哲学。欧阳修以实用为导向,凡是对眼前问题几无影响的抽象理论,他都毫无兴趣。从这方面来看,欧阳修是一位相当典型的儒家士大夫。

欧阳修从改革者转变为维稳者,继而又转变为改革反对者,这吸引了许多史学家的兴趣。欧阳修经历了始于激进却终成保守这样一个几无可免的循环吗?还是说,这是一种随着年龄增长自然出现的可以预见的转变?[2]这两种理论都有其支持者,而且都包含一些真相。但是这两种理论都没有考虑一个要点:欧阳修支持与反对的两种改革之间的差异。即使在仕宦早期,欧阳修也绝不是一个要求大规模体制变革的激进改革家。虽然他在仕宦后期不再倡导改革,欧阳修也并没有变为保守派。实际上,正是保守分子在濮议中对欧阳修大加弹劾才导致他被罢官。欧阳修晚年反对王安石变法,但他的反对并不积极,也未加入反改革阵营。也许将欧阳修描述为渐进主义者最为合适:起先拥护有限范围内的改革,以便纠正现有体系的某些缺陷,之后努力改良现有体系,但最为重要的是使之保持稳定,并最终拒绝支持彻底引入另一种系统的庞大改革。换句话说，在欧阳修的整个仕宦生涯中，他一直致力于使现有体系更好地运行。诚然，欧阳修年轻时作为言官的立场与他年老时作为政治家采取的立场并不相同。但这种差异并非根本性的，而是一种重点的转移，是从理想中期望的目标转移到现实中可行的目标。

欧阳修的文章《本论》最为清晰地展现了他的渐进主义。欧阳修看不到在短期内消除佛教影响的可能性。即使他提倡的"礼义"已得到加强，可要以之替代人们对佛教的信仰仍需很长时间。[3]他的渐进主义又以另一种方式表现出来。欧阳修认为，单靠合宜的制度或有德之人都力有不逮；为了建立贤能的政府，这两者缺一不可。虽然欧阳修充分认识到制度的效果包罗万象，但他仍拒绝相信所有一切均依赖于制度。精心设计的制度可能会在知识层面产生巨大吸引力，但这些制度是否可行？

欧阳修对制度的总体态度通过他对《周礼》的评论得到最好的诠释：

予读周礼，至于教民、兴学、选贤命士之法，未尝不辍而叹息……居有教养之渐，进有爵禄之劝，苟一不勉，则又有屏黜不齿戮辱之羞。然则士生其间，其势不得不至于为善也……呜呼，人事修，则天下之人皆可使为善士，废则虽天所赋予，其贤亦困于时。[4]

欧阳修虽然对此印象深刻，但仍持怀疑态度。作为经学家，他不确定《周礼》文字内容的真实性。这本书直到两汉才出现，它的部分内容很可能是在战国时期写成，可追溯至古代。[5]作为实用主义者，欧阳修对《周礼》描述的制度行为是否切实可行也心存疑虑。在他看来，无人拥有足够的时间来如此积极行事。作为史学家，他怀疑这些制度不会如书中所述那般有效。[6]即使假设这些制度曾在古代封建制度下有效运转，它们是否适用于自从秦朝以来就业已存在的中央集权的帝国体制？大家应该记得欧阳修曾说过，王莽在两汉之间曾企图部分恢复此类制度，却并未成功。欧阳修对这些要点的怀疑早在王安石崛起之前就出现了，而王安石却将《周礼》作为其推行变法的思想支撑。并非欧阳修低估制度的重要性，对他而言，王安石错误地以牺牲其他事务为代价高估了制度的作用。[7]

当欧阳修是改革家时，他并未将希望完全寄托在体制变革上。他主张对现有行政体系进行一些轻微改良，但他越来越清楚地意识到，这在很大程度上取决于行政官员对这些改良措施的执行程度。景祐三年（1036年）被贬后，欧阳修在落后的小县夷陵任县令，这段经历使他对官僚作风的现状大开眼界。正如《宋史·欧阳修传》所述：

> 方贬夷陵时，无以自遣，因取旧案反复观之，见其枉直乖错不可胜数，于是仰天叹曰："以荒远小邑且如此，天下固可知。"自尔……学者求见，所与言，未尝及文章，惟谈吏事。[8]

为使行政体系有效运转，多变和突变是不可取的。康定元年（1040年），即庆历新政开始前数年，欧阳修写下《原弊》一文，如实地反映了"有司屡变其法，以争毫末之利，用心益劳而益不足者"。[9]在与《原弊》大约同时完成的上书中，欧阳修提出了相同的批评，"法每一变，则一岁之间，所损数百万……变而不已，其损愈多"。[10]欧阳修的诗中也包含这样诗句："仓卒始改更，徒自益纷扰"[11]。

庆历二年（1042年），新政前夕，皇帝诏令所有朝臣提出他们对多项事务的见解，作为回应，欧阳修进呈奏疏，通过生动描述此类变动对吏治带来的不利影响重申他对变动过多的告诫：

> 夫言多变则不信，令频改则难从。今出令之初，不加

详审，行之未久，寻又更张。以不信之言行难从之令，故每有处置之事，州县知朝廷未是一定之命，则官吏或相谓曰"且未要行，不久必须更改"，或曰"备礼行下，略与应破指挥"。旦夕之间，果然又变。至于将吏更易，道路疲于迎送，文牒纵横，上下莫能遵懔。[12]

同年，欧阳修写了一篇名为《为君难论》的文章。[13]此文谈论的不是改革问题，而是君主应如何发挥宰辅的作用。文章主题与范仲淹此前在"四论"中表达的观点类似。一方面，范仲淹和欧阳修认同忠君思想；另一方面，作为忠臣，他们都坚持道德和思想的自主权。即使从理论上讲，如果涉及他们的思想权威，那么他们的忠君思想也不是绝对的。[14]具体说来，他们通常在两个问题上寻求保证。第一个问题是他们直言进谏的特权，皇帝应该不抱成见地听取谏言。即使谏言会使他不悦，他也不应惩罚进谏者，因为他应该理解，进谏者的动机无可非议。这种特权可以被称为"忠谏的特权"(the privilege of loyal criticism)，尽管不应将其与忠诚对立的民主权利混为一谈。第二个问题是权利的授予，不是皇帝的君权，而是与行政责任相称的行政权。欧阳修说，为了让士大夫各尽其责，"任之必专，信之必笃"。[15]

当改革者在庆历三年至四年(1043—1044年)掌权时，欧阳修比其他任何人都强调选择贤臣能吏的重要性。他主张任命按察使审查地方政府官吏的能力和政绩，他则亲自巡视河东地区，这都是他关心有效行政的两个事例。[16]

庆历新政废止后，欧阳修向友人坦承了改革的艰难。他说："更法制甚易，若欲其必行而无沮改则实难。"他用这样的话语来解释他的渐进主义："善教者以不倦之意，须持久之功。"当欧阳修晚年再次掌权时，他的渐进主义变得更加慎重。他引用了一句俗语："利不百年者不变法。"之后又抱怨道："今言事之臣偶见一端，即议更改。"欧阳修反对这种轻率而仓促的意见，声称自己"区区欲为陛下守祖宗之法也"。[17]

虽然欧阳修的渐进主义随着岁月流逝失去了很多动力，但他仍然坚信，进行机构改良的需要和对贤能官吏的需要是相互依存的。欧阳修年轻时曾说过：

足天下之用，莫先乎财。系天下之安危，莫先乎兵……所以节财用兵者，莫先乎立制……制已具备……莫先乎任人……此两者相为用。[18]

欧阳修在重新丈量田亩以便公平征税问题上采取的

行动清楚地说明了这一原则。当欧阳修在庆历新政期间主张重新丈量田亩时，他预见到实施这一措施将会遇到的种种困难。地方官吏"多是不知均定之术"，而且还存在这样一种风险，即"税未及均，民已大扰"。很有可能的是，田亩重新丈量的工作可能会草率进行或充满谬误，在这种情况下，随意分配税收负担的现象不仅得不到改善，反而会雪上加霜。因此，欧阳修建议，派遣几名曾尝试过类似措施并在其中取得成功的官员到户部，以便制定一个完善的程序。[19]由于庆历新政不久之后即告夭折，重新丈量土地的工作无疾而终。将近20年后的嘉祐五年（1060年），政府也采纳了类似政策，并成立了专门的衙门进行重新丈量的工作。欧阳修虽然完全不反对这项政策的原则，但他仍严厉批评了政策的执行工作。欧阳修指出，由于没有值得信赖的有识之士从中负责，这项政策造成的结果是弊远大于利。"传言人户虚惊……凡千百人，聚诉于三司。"[20]

那么欧阳修如何选择他如此看重的官吏？他谈了几个否定性看法。比如，欧阳修认为"以其违众为独见之明，以其拒谏为不惑众论，以其偏信而轻发为决于能断"的做法是错误的。他不会选择"伺求以为察，刚讦以为直"的那些人。欧阳修也不喜欢"好异以取高"的人。对于那些

"昂然自异以惊世人"，和"新进之士喜勇锐"，他也抱有悲观的看法。欧阳修觉得这样的人可能徒有口舌之利却无实干之才，因为他们往往"虚谈无实不可用"。对欧阳修而言，贤能的行政官吏应该"文儒沉正，闳达大体"，用现代话来说，就是成熟明智、经验丰富、头脑清醒的人，有良好判断力的人。[21]欧阳修引用友人富弼的话解释了这样一个人是如何作出决定的："然君子之于临政也，欲果其行，必审其思，审而后果，则不可易而后悔。"[22]

这样贤能的官吏会如何作为？换句话说，在欧阳修看来，何为理想的行政模式？当他任权知开封府时，进行了一次发人深省的探讨：

前尹孝肃包公，以威严得名，都下震恐。而公动必循理，不求赫赫之誉。或以少风采为言，公曰："人材性各有短长，吾之长止于此，恶可勉其所短以徇人耶？"[23]

简单、宽松与合理执政成为他在担任地方官期间杰出政绩的特点。根据欧阳修神道碑中的记载："公前后历七郡守，其政察而不苛，宽而不弛，吏民安之，滁、扬之人至为立生祠。"[24]《宋史·欧阳修传》中记载了欧阳修的另一段著名谈话：

或问:"为政宽简,而事不弛废,何也?"曰:"以纵为宽,以略为简,则政事弛废,而民受其弊。吾所谓宽者,不为苛急;简者,不为繁碎耳。"[25]

尽管自己的行政做法与包拯不同,欧阳修也绝不会批评虽然严厉但却有效的行政行为。相反,他对大多数不够严厉的官吏都持批评态度。欧阳修抱怨道:"政之大小皆自朝出,州县之吏奉行而已。"[26]对他来说,这种行为近乎不负责任。欧阳修的诗中写道:

天下久无事,

人情贵因循。

优游以为高,

宽纵以为仁。

今日废其小,

皆谓不足论。

明日坏其大,

又云力难振。[27]

他在诗尾强调"猛宽相济理,古语六经存"。严、宽缺一不可,但两者均应根据情况平衡有度地谨慎使用。如果没有合理的判断，也就不可能实现良好的执政行为。

欧阳修从未全面深入陈述其行政理论。然而，他为很多官员撰写了大量墓志和神道碑，我们从其中描述的善政可以重构他的行政理论。虽然这些文章的溢美之词比事实有所夸大，但仍反映了欧阳修自己的理想。以这种方式进行重构后，欧阳修的宽简原则就非常易于理解。这些原则在实践中涉及以下三方面的相关政策：如何与百姓沟通、处理严重问题以及对待行政惯例。

在欧阳修看来，为了让百姓了解政府的政策及其目标，关于政策的告示必须令人信服，而关于目标的告示必须表达清楚。王旦是欧阳修时代前不久的一位伟大政治家，据欧阳修说，王旦"与人寡言笑，其语虽简，而能以理屈人"。欧阳修还称赞了另一位官员明镐，赞他"其言简而理尽"。欧阳修根据这些人的情况得出的结论是："凡人简重则尊严。"薛良孺曾任秦州知州（据薛良孺墓志铭，他当时任知秦州清水县，英文原版误。——译者注），那里有几个非汉族的少数民族。欧阳修在谈及此人时说道，他"简其政令，示之必信，蕃夷畏爱"。欧阳修所写的关于张锡的文章更清晰地阐明了他对与百姓沟通的可取性的看法：

前为令者，阖门重帘，以壅隔废治。公至，则辟门去帘，告其人曰："吾所治者三而已。强恃力，富恃货，刑恃赎者，吾所先也。"其人以谓："公言简必信，法简必严。"于是豪势者屈而善弱者伸，县以大治。[28]

按照欧阳修的执政模式，在处理严重问题时，严惩重犯必不可少，对其他人则要宽宏大度。地方政府中一种普遍存在的、根深蒂固的恶行是官吏的贪腐。欧阳修称赞官员王质，他会确保自己"必使吏畏而民爱"。欧阳修说，当吴育接任开封府知府时，"居数日，发大奸吏一人，流于岭外，一府股栗"。

会令坐事解去，公署其事。告其民曰："今欲为法，简而利民博者，当何为？去其甚恶可也。"乃缚故吏唐权，条其宿恶，上于州，杖其脊而还之。县之奸豪，皆敛色屏气，指权相戒，不可犯公法。公曰："使我为令期年，不独善人不惧恶人，可使恶人为善也。"[29]

地方政府中另一种常见的恶行是位高权重之人干涉司法公正。开封尤其臭名昭著。然而，据欧阳修记载，杜衍权知开封府时，"能使权要不敢有所干"，而且他"如治他州"治理开封。汉朝和唐朝的古都长安（西安），也面临着同样的问题。但欧阳修说，刘敞查明并惩办了豪门望族犯下的罪行，丝毫不考虑家族的影响力与权势。[30]欧阳修坦承，贤能官吏确实面临着被那些滥用权力的豪强之人与贪官污吏联手击败的风险。他举出了一个令人沮丧的例子，也就是狄栗的事例：

汉旁之民，惟邓、谷为富县，尚书铨吏常邀厚赂以售贪令。故省中私语，以一二数之，惜为奇货，而二邑之民未尝得廉吏。其豪猾习以赇贿污令而为之恣。至君一切以法绳之，奸民、大吏不便君之政者，往往诉于其上，虽按覆，率不能夺君所为。其州所下文符，有不如理，必辄封还。州吏亦切齿，求君过失不可得，君益不为之屈，其后民有讼田而君误断者，诉之，君坐被劾。[31]

狄栗的事例也可以用来强调这样一点，单靠严格执政是不够的。严惩要犯与宽容对待其余人员需要保持平衡，这种需要在欧阳修一些著作中所提及的其他几个事例中也得到了充分体现。这些事例涉及兵变和对安全的潜在威胁。薛长孺在汉州时，遇到下列事件：

州兵数百杀其军校，烧营以为乱。君……以祸福语乱

卒曰:"叛者立左,协从者立右。"于是数百人者皆趋立于右,独叛者十三人亡去,州遂无事。"³²

据欧阳修说,许元在泰州也有过类似经历。来自邻近地区的一群叛兵突至泰州。知州束手无措。军事推官许元询问士兵们前来的原因。"二三人出前对,公叱左右执之,曰:'惑众者此尔,其余何罪?'劳其徒而遣之。"这一事件和平地结束了。欧阳修还描述了王洙是如何阻止兵变的:"取其一二人寘于法,余悉不问,兵始知惧。"根据欧阳修的说法,谢绛也使用了同样技巧遏制了邓州的一个邪教组织,这个邪教组织将近十年间昼夜不停地召集数百男女举行集会。谢绛处决了几个头目,并释放了他们的信徒。"民始知公法可畏而安于不苛。"³³

在很多儒家学者看来,宽宏大度具有立竿见影的道德效果。欧阳修以潍州通判蔡齐为例谈到以下事例:

民有告某氏刻伪税印为奸利者,已逾十年,踪迹连蔓,至数百人。公……为缓其狱,得减死者十余人,余皆释而不问。潍人皆曰:公德于我,使我自新为善人。由是风化大行。³⁴

在开封,长久以来有犯罪记录的年轻人都会在元宵节期间受到特意监禁。根据欧阳修的记录,陈尧佐采取了不同的行动:"公召少年,论曰:'尹以恶人待汝,汝安得为善!吾以善人待汝,汝其恶耶?'因尽纵之。凡五夜,无一人犯法者。"[35]

根据欧阳的记载,许逊也以大体相同的方式治理扬州:

世之仕官于南,与其死无归者,皆寓其家于扬州。故其子弟杂居民间。往往倚权贵,恃法得贷,出入里巷为不法……君捕其甚者,笞之曰:此非吏法,乃吾代汝父兄教也。子弟羞愧自悔,稍就学问为善人。风俗大化。[36]

就为政程序而言,欧阳修的理论认为,为政方式以扰民最少者为最佳。宽政将大大简化百姓生活。这一点尤其适用于赋税征收。欧阳修说,王尧臣任权三司使时重新对宋帝国税收制度进行了彻底评估,"计其缓急先后,则去其蠹弊之有根穴者,斥其妄计小利之害大体者,然后一为条目"。欧阳修总结道,这样一来,王尧臣无需提高税率就能获得足够的税收。上文提到的杜衍向其任职州郡的百姓解释说,尽管"吾不能免汝,然可使汝不劳尔"。用欧阳修的话说，他会通过将"量物有无贵贱道里远近，宽其期会，使以此输送"纳入考虑范围，尽可能地简化税收工作。由此产生的一个结果是商品实现了有序分配，从而阻止了价格上涨。另一个结果是防止州郡小吏上下其手，因为征税程序的所有细节均向所有人公开透明。[37]

在儒家的德治理论与法家严格执法的法治理论之间，欧阳修的行政理论到底处于何种位置？这两个思想学派之间的区别被过分夸大了。从哲学的角度来看，两者大体上的确相互矛盾。然而，当理论转化为行动时，两者往往又是相辅相成的。就其本质而言，中华帝国虽以儒家思想为方向，但拥有法家的结构。例如，宽是一种儒家美德，严则是法家的价值观；但正如欧阳修本人阐释的那样，在实践中往往是宽严相济。[38]刚才举出的几个例子就说明了这一点：严格执法也会通过防止潜在的违法行为产生一种道德影响。几个世纪以来，有句俗话叫"杀一儆百"。死刑只能被视为法家的行动，但从儒家的角度看，它所产生的效果也是可取的。欧阳修用法家的方法来贴合儒家的理想，并以此来重申儒家的传统。杰出的儒学家在执法时应该周密而审慎，并坚信自己是在以这种方式为其他所有人树立效仿的榜样。欧阳修认为此类行为既有道德教化意义又切实可行，还符合他的简政理念。用现代的话来说，我们可以称之为高效且有效。

自司马迁的《史记》中列有"酷吏"和"循吏"这两种截然不同的官吏类型以来，中国人关于行政方法的思想一直深受史学影响。虽然酷吏在正常情况下会被谴责行事过分残忍，但他们有助于结束混乱状态并建立秩序。欧阳修当然偏爱循吏，因为这种官吏代表儒家的原则。循吏的基本素质在《汉书》的注释中得到了明确阐述："循，顺也。上顺公法，下顺人情也。"然而，如果情况需要，循吏并不排除铁血手腕。[39]根据欧阳修的理论，这两种截然不同的官吏可以解释为两种互补的行政模式的代表，每种模式都有其适当的适用范围。

欧阳修绝不是唯一一个倡导这一行政理论的人，但他确实比其他官员更加雄辩地阐明了这一理论。总体而言，儒家士大夫们更倾向于将自己视作学术通才，而非务实官吏，并且很少关注将行政理论发展为专门的知识体系。实际上，很多士大夫都将政务视为俗务，认为对政务进行探讨几乎没有知识、道德和社会价值。在欧阳修之后的几个世纪里，儒家思想观点中的这一缺陷既未得到纠正，也未受到太多关注。同样，他对行政理论的贡献也未引起人们太多兴趣。

1	Translated as "On Parties" in de Bary et al. (1960), 446-448; see also 441-445.
2	《能改斋漫录》卷10:39;《避暑录话》卷2，第19页。
3	De Bary et al. (1960),441-445.
4	《欧阳永叔集》第5册《送张唐民归青州序》，第60页。
5	《欧阳永叔集》第6册《问进士策》，第12—13页［参阅 H. J. P'i(1923)，47—48; T. H. Ma(1936)，111; Morohashi(1926)，464—465; Morohashi(1948)，145—160］；第3册《本论上》，第18—19页；第7册《本论》，第49页。
6	《欧阳永叔集》第6册《问进士策》，第15—16页，参阅 Nishi(1951)。
7	《欧阳永叔集》第6册《问进士策》，第12—13页，参阅 Uno(1942)；第11册《谢擅止散青苗钱放罪表》，第30—31页；《蔡州谢上表》，第35页；第13册《言青苗钱第一札子》，第58—60页。
8	《宋史》卷319《欧阳修传》；《容斋随笔》卷4，第31页。
9	《欧阳永叔集》第7册《原弊》，第65页。
10	《欧阳永叔集》第5册《通进司上书》，第85页。
11	《欧阳永叔集》第1册《送张洞推官赴永兴经略司》，第13页。
12	《欧阳永叔集》第5册《准诏言事》，第89页。
13	《欧阳永叔集》第3册《为君难论》，第24—25页; for a partial translation, 参阅 Locke(1951)，part I, 94页。
14	《范文正公集》第5册，第4页；《续资治通鉴长编》卷118，第10页；J. Liu(1957)，参阅 de Bary et al.(1960)，448—450。
15	《欧阳永叔集》第3册《为君难论上》，第24—25页；第5册《准诏言事》，第87—88页。王安石对同一点的后来争论见《王临川集》第39册，第83页，参阅 de Bary et al. (1960)，468—474。
16	见前文第四章。
17	《欧阳永叔集》第8册《与田元均论财政书》，第72页；第5册《吉州学记》，第34—35页；第13册《论逐路取人札子》，第46页(参阅《续资治通鉴长编》卷195，第2页)；第3册《尚书度支郎中天章阁待制王公神道碑》，第59页；《王旦神道碑铭》，第68—69页；第4册《胡留墓志铭》，第88页；第8册《吉州学记》，第17页。
18	《欧阳永叔集》第7册《本论》，第49页(参阅《续资治通鉴长编》卷136，第9—10页)。
19	《欧阳永叔集》第12册《论方田均税札子》，第68—69页(参阅《续资治通鉴长编》卷144，第6页)。
20	《欧阳永叔集》第13册《论均税札子》，第40—41页(参阅《续资治通鉴长编》卷192，第19—20页)。
21	《欧阳永叔集》第3册《为君论上》，第24页，《为君难论下》，第26—27页；第8册《送孙屯田序》，第29页；第8册《与石推官第一书》，第46—48页。
22	《欧阳永叔集》第8册《送陈子履赴绛州翼城序》，第28—29页(参阅《续资治通鉴长

编》卷201，第8页）。

23 《欧阳永叔集》第18册《欧阳文忠公神道碑》，第32页（参阅《续资治通鉴长编》卷187，第11页）；第18册《墓志铭》，第21—23页。

24 《欧阳永叔集》第18册《欧阳文忠公神道碑》，第32页。

25 《宋史》卷319《欧阳修传》，可参阅 J. Liu(1959a)，176。《经世八编类集》卷14，第15—30页；卷15，第11—16页。

26 《欧阳永叔集》第6册《问进士策三首》，第13—14页（参阅《续资治通鉴长编》卷187，第7页）。

27 《欧阳永叔集》第2册《奉答子华学士安抚江南见寄之作》，第12页。

28 《欧阳永叔集》第3册《太尉文正王公神道碑》，第69页；第4册《翰林侍读学士右谏议大夫赠工部侍郎张公墓志铭》，第40—41页；《尚书驾部员外郎致仕薛君墓志铭》，第81页；第14册《归田录》，第85页。

29 《欧阳永叔集》第3册《尚书度支郎中天章阁待制王公神道碑铭》，第58页；第4册《江宁府句容县令赠尚书兵部员外郎王公墓志铭》，第14—15页；《太子太师致仕杜公墓志铭》，第52页；《资政殿大学士尚书左丞赠吏部尚书正肃吴公墓志铭》，第66页（参阅《续资治通鉴长编》卷143，第27页）。

30 《欧阳永叔集》第4册《集贤院学士刘公墓志铭》，第96页（参阅《续资治通鉴长编》卷120，第15页；《涑水记闻》卷7，第4—5页）。

31 《欧阳永叔集》第4册《大理寺丞狄公墓志铭》，第22页。

32 《欧阳永叔集》第4册《尚书驾部员外郎致仕薛君墓志铭》，第81页。

33 《欧阳永叔集》第4册《尚书兵部员外郎知制诰谢公墓志铭》，第4页；《翰林侍读侍讲学士王公墓志铭》，第59页；《尚书工部郎中充天章阁待制许公墓志铭》，第72页。

34 《欧阳永叔集》第5册《尚书户部侍郎赠兵部尚书蔡公行状》，第21页（第21页，英文原版误作第27页。——译者注）。

35 《欧阳永叔集》第3册《太子太师致仕赠司空兼侍中文惠陈公墓志铭》，第46—49页。

36 《欧阳永叔集》第5册《司封员外郎许公行状》，第25页。

37 《欧阳永叔集》第4册《太子太师致仕杜祁公墓志铭》，第52页；《尚书户部侍郎参知政事赠右仆射文安王公墓志铭》，第63页（参阅《续资治通鉴长编》卷140，第8页，卷148，第13页）。

38 《欧阳永叔集》第2册《奉答子华学士安抚江南见寄之作》，第12页。

39 《汉书》卷89《循吏传》，参阅 J.Liu（1959a）。

TEN

MASTER OF SUNG LITERATURE

第十章

宋代文学大师

在现代人眼中，欧阳修最伟大的成就在文学领域。这一判断的根据仅是他的作品，而过去批评家评论的领域则较为广泛，内容通常包括欧阳修公开的生平以及私德。如今，欧阳修的作品受推崇的程度达到新高。在西方，也有越来越多的人开始欣赏他的诗歌。在中国，虽然"文革"使大众对古文的兴趣下降，但对欧阳修诗歌的欣赏却未受到影响。[1]

中国诗歌的主要形式是每行长度相同。欧阳修在诗歌的演化中发挥了重要作用。他在一定程度上促进了当时主流诗歌的衰落，引领诗歌走向新的道路，这为很多杰出的诗人扫清了道路，迎来了宋代诗歌的崛起。宋初，在诗歌领域占据统治地位的是西昆体，其风格模仿晚唐诗人李商隐。西昆体的风格非常有魅力，通过精心挑选对仗诗句来表达微妙而隐晦的感情。但这一流派的确有"矫揉造作、过于重视技巧、比喻隐晦以及主题刻板"的问题，且明显取材面狭窄，也不够大胆。[2]欧阳修与文学同道苏舜钦和梅尧臣拒绝遵从这一流派的风格，他们开创出一种不同的风格，不仅让诗歌技巧有更大的发挥空间，还能够表达更为丰沛的感情。欧阳修等声称在风格上师从韩愈，后来这一风格被称为古文体。韩愈世称"昌黎先生"，欧阳修等人便从中撷取两字，自称为"昌黎派"。在风格上，昌黎派并未模仿或沿袭，而是新鲜且创新，这也体现了11世纪真正的精神风貌。从严格意义上讲，这些宋代诗人与随后出现的诗人都不能被算作一个流派。他们的主要贡献在于将诗歌从造作的西昆体中解放出来，为下一代诗人的自由创新打下了基础。[3]正是下一代诗人使宋代诗歌发展成熟且独具一格。

欧阳修同时代人最早对其诗歌大加称赞。苏东坡认为欧阳修的古诗"似太白"。另一位伟大诗人王安石则认为欧阳修的诗歌水平"居太白之上"。[4]苏东坡、王安石都曾接受过欧阳修的提携，因此他们的评价可能有夸张过誉之嫌。但所有的中国文学史著作都认为欧阳修的许多诗歌确为一流水准。一些西方读者认为欧阳修的一些诗歌堪比中国国画杰作。下面仅列几首欧阳修的诗歌以为欣赏：

钓者

风牵钓线袅长竿，
短笠轻蓑细草间。
春雨蒙蒙看不见，
水烟埋却面前山。[5]

晚过水北

寒川消积雪,

冻浦渐通流。

日暮人归尽,

沙禽上钓舟。[6]

欧阳修诗歌的意象非常生动,有的诗歌和谐静谧,有的又色彩斑斓,都充满了生活中宁静的欢乐。

丰乐亭游春三首·之三

红树青山日欲斜,

长郊草色绿无涯。

游人不管春将老,

来往亭前踏落花。[7]

欧阳修有时灵巧地将生动气息与平静心态交织在一起,如《阮郎归》中:

南园春半踏青时,

风和闻马嘶。

青梅如豆柳如眉,

日长蝴蝶飞。
花露重,草烟低,
人家帘幕垂。
秋千慵困解罗衣,
画堂双燕栖。[8]

他有时也会突然从欢乐的气氛转向一种微妙而严肃的情绪,如《丰乐亭游春三首》之一:

绿树交加山鸟啼,
晴风荡漾落花飞。
鸟歌花舞太守醉,
明日酒醒春已归。[9]

在一首题为《玉楼春》的词中,欧阳修描述了优美的景色和愉悦的心情,随后又转换了语调,将全词在忧伤的气氛中作结,同样也是以风暗喻:

闲愁一点上心来,
算得东风吹不解。[10]

更多时候，欧阳修将这一技巧反转过来，从一种忧郁的氛围转向高昂的情绪、极度的欢喜、无忧无虑的享受、温柔的平静，有时又是"一种充实的梦幻生活"。[11]

如果你不了解欧阳修在《六一诗话》中对诗歌理论做出的贡献，你就无法了解作为诗人的欧阳修。欧阳修号"六一居士"，此"六一"的意思是"《集古录》一千卷，藏书一万卷，有琴一张，棋一局，酒一壶，一翁老于其间"。[12]"诗话"是关于诗歌的讨论。此类作品在宋朝之前较为少见，它在宋朝先锋诗人手中才逐渐发展起来，他们非常乐于与同僚讨论诗歌技艺。诗话通常包含大量文学批评，但也包括"注解、书信、语录和诗序"，还有轶事，以及与诗人而不是诗歌相关的各种闲谈碎语。诗话既没有固定的组织形式，也并非正式的体裁，作者通常的意图在于休闲娱乐。这些作品可能更为接近在宋朝兴盛的说书人讲述的白话小说，这些故事在当时也被称为"话"。[13]

在讨论欧阳修诗歌理论，或者实际上在讨论所有中国传统文学理论时都会碰到两个难点。中国传统作家在作品中鲜少定义他们所用的术语。作为成就非凡的诗人，他们通过唤起某些情感和印象与读者进行交流。为了阐释这些作家的术语或观点，我们不可避免地需要将自己的看法与解释附加在作品上，这可能会导致这些诗歌失去了原本的中文意义。[14]

从欧阳修对同为诗人的苏舜钦与梅尧臣作品的评论中，我们可以看出他对于好诗的评判标准。欧阳修称苏舜钦的作品"笔力豪隽，以超迈横绝为奇"。[15]但苏舜钦埋怨欧阳修更偏爱梅尧臣。欧阳修在为梅尧臣撰写墓志铭时，将梅尧臣的诗编为诗集，还写了满是赞美的诗序。欧阳修称梅尧臣对意义表达深思斟酌，且精细无比。还称梅尧臣的作品意义"深远"，风格"恬淡"。欧阳修还称赞梅尧臣"长于本人情，状风物"且"涵演深远"。[16]在称赞梅尧臣时，欧阳修反复使用了"深远"二字，这反映出他颇为欣赏用精练语言表达丰富意义的简洁风格。欣赏是相互的，梅尧臣称："使我更作诗三十年，亦不能道其一句。"[17]欧阳修曾引用梅尧臣的话来分析诗歌理论：

诗家虽率意，而造语亦难。若意新语工，得前人所未道者，斯为善也。必能状难写之景，如在目前，含不尽之意，见于言外。然后为至矣。[18]

梅尧臣总结道，即使是最优秀的诗人也未必总能达到这一标准。欧阳修并未觉得梅尧臣的诗完美无缺，他说梅尧臣的文章"亦琢刻，以出怪巧"。欧阳修还曾提到，梅尧臣因为在仕途上不得志，有时会"骂讥笑谑"。[19]但在欧阳修看来，伟大诗人的这些缺点属于细枝末节且可以理解。

欧阳修在词的演化中也扮演了重要角色。[20]词是诗歌的一种形式，特点是"每行长度不等，韵律与声调变幻多样，每种模式都有一种音律美"。词最初以一种非正式且欢快的形式出现于唐代。宋初在词作领域占统治地位的是花间派，这一派的题材常集中于爱情。花间派的作品大多"隐晦、矫揉造作与充满暗示，弱点在于过度矫饰，表达的感情过于肤浅"。[21]在宋代，诗歌的风格发生了很大变化。词吸收了一些通常在诗歌中不被采用的口语表达，这在很大程度上丰富了作品内容，也更受大众欢迎。宋代大部分优秀的诗歌都以词的形式出现。宋代最著名的词人柳永与伎乐过从甚密。[22]欧阳修也一样，在早年仕宦期间，他在洛阳从伎乐处学到了很多口语表达方式。他将学到的东西融入诗歌，有些诗歌后又被伎乐采用。欧阳修在这方面的文学活动算是鲜为人知，但在一些真实性有待考证的趣事中却有记载。至和二年（1055年），欧阳修出使辽国返回，受到了贾昌朝的招待，贾昌朝下令伎乐表演助兴。这些伎乐似乎事先并未特意准备，这让贾昌朝感到很迷惑。在接风宴上，贾昌朝发现欧阳修非常专注地听伎乐唱曲，开怀畅饮，这让他非常不解。后来贾昌朝才得知当晚伎乐所唱的词都是欧阳修所作。[23]

这些流传较广的作品，许多是以爱情为主题，这给欧阳修惹了不少麻烦。如在之前章节中提到的，在欧阳修丑闻缠身时，政敌引用这些诗词来质疑他的人品。但也有人站出来维护欧阳修，说美酒佳人和欢歌听曲并未影响到唐代天才诗人李白的艺术成就，因此欧阳修也可以不受影响。但在后来一段时期，士人行为准则的标准日渐严格，这些辩护之词无人听信。词的文学价值已经得到证实，尤其是苏东坡的作品颇受认可。但词已经不再局限于抒情（更别说是情色），也不再跟音乐相关联（更别说是伎乐）。另外，在正式宴会上请伎乐助兴也不再是被大众接受的习俗。由于上述情况的变化，南宋一些批评家开始批判欧阳修，称他的词中夹杂"鄙亵之语"。即使一些人喜欢他的诗，也拒绝欣赏他的词，甚至坚称这些词不是欧阳修所作，而是他人所作却打上欧阳修的名号。因此从欧阳修的作品中剔除了73首词。[24]

无论欧阳修是不是如唐代诗人一般以美酒佳人和欢歌听曲为灵感，也无论这些是否让欧阳修失去了成为道德高尚的儒学家的资格，欧阳修诗词的卓越与此毫无关系。不仅如此，几个世纪以来，批判家们忽略或是故意忽视了欧阳修这些艳词可能带有的寓言性质。知名《词选》的编者张惠言是指出这一点的少数人之一。张惠言称,《诗经》中许多情爱诗实际上是以暗喻的方式描写其他事。张惠言发现许多士大夫所写的浪漫主义诗歌其实都是讲政治生活。他解释道:"男女哀乐,以道贤人君子幽约悲悱不能自言之情。低徊要眇,以喻其致。"张惠言以欧阳修为例,"雨横风狂,政令暴急也。乱红飞去,斥逐者非一人而已,殆为韩、范作乎?"称词中的描述可能指庆历新政失败后的情景。[25]但南宋时期思想界占据统治地位的是新儒学思想,而秉承新儒学思想的是道德感极高的哲学家,他们认为浪漫的感情,哪怕是想象出来的,都是儒家君子不该有的。这些人自己写不出动人的诗歌(或许对我们来说,诗言志),他们对此也毫不在意。

在中国传统文体中,西方人所称的诗歌与散文没有这么明显的分界。相反,诗歌与散文两者绵延相连,介于两者中间的是赋,它兼具两者的特点。赋起源于古代一种固定押韵与严格对仗的诗歌形式。自唐代以来,科举考试一直要求这种形式的写作。此后,赋的改良形式出现了,"加入了大量的散文元素,偶尔使用押韵"。在宋代许多伟大诗人手中,尤其是欧阳修与苏东坡,从赋向散文体的转变完成了。这种新的形式被称为"文赋",从字面意义上理解就是散文与诗歌的结合体,它既有散文的说明与叙述功能，但又保留了一些押韵，偶有对仗，总体上保留一些诗歌的风格。[26]

欧阳修著名的《秋声赋》是这种文体绝佳的代表，这篇文章是权威中国文学选集的必选。文章开篇宁静，随后很快迎来高潮，之后又有温和的停顿：

欧阳子方夜读书，闻有声自西南来者，悚然而听之，曰："异哉！"初淅沥以萧飒，忽奔腾而砰湃，如波涛夜惊，风雨骤至。其触于物也，鏦鏦铮铮，金铁皆鸣；又如赴敌之兵，衔枚疾走，不闻号令，但闻人马之行声。

予谓童子："此何声也？汝出视之。"

童子曰："星月皎洁，明河在天，四无人声，声在树间。"

欧阳修开始对秋天的惩罚性与破坏性进行哲学思考，后又陷入忧伤：

"嗟乎！草木无情，有时飘零。人为动物，惟物之灵；百忧感其心，万事劳其形；有动于中，必摇其精。而况思其力之所不及，忧其智之所不能；宜其渥然丹者为槁木，黟然黑者为星星。奈何以非金石之质，欲与草木而争荣？念谁为之戕贼，亦何恨乎秋声！"

最后欧阳修并未以如此严肃的语调收尾，而是一种诗意的笔触结束全篇：

童子莫对，垂头而睡。但闻四壁虫声唧唧，如助予之叹息。[27]

文赋兼具诗歌特长，如欧阳修的名篇《鸣蝉赋》所体现的：

古木数株，空庭草间，爰有一物，鸣于树颠。引清风以长啸，抱纤柯而永叹。嘒嘒非管，泠泠若弦。裂方号而复咽，凄欲断而还连。吐孤韵以难律，含五音之自然。吾不知其何物，其名曰蝉。岂非因物造形能变化者邪？出自粪壤慕清虚者邪？凌风高飞知所止者邪？嘉木茂树喜清阴者邪？呼吸风露能尸解者邪？绰约双鬟修婵娟者邪？其为声也，不乐不哀，非宫非徵。胡然而鸣，亦胡然而止。

吾尝悲夫万物莫不好鸣。若乃四时代谢，百鸟嘤兮；一气候至，百虫惊兮。[28]

中国文赋的优美之处在于虽然读起来像散文，但其实它却是诗歌，这句话反过来说也成立。高产的欧阳修无论是写作散文还是诗歌，均名篇迭出，不仅给后世中国带来巨大的启发，通过翻译成外语，这些作品还得到世界文学爱好者们的喜爱。

作为一名文学创新者，欧阳修在散文领域的影响最大。通过他的努力，古文在后来千年间在中国散文领域占据统治地位。[29]在欧阳修所处的时代，骈体文是世家大族几世纪来更偏爱的写作形式，因此取代它并非易事。在欧阳修看来，这是一种腐朽且过分矫饰的文体，形式过于死板严格，让表达失去了自由，也不便于沟通交流。在中唐元和时期，韩愈致力于重振儒家，他主张将儒家理念运用于文学中，称"文以载道"，要注重文章的说教作用。为了激励大家，韩愈提倡采用汉代之前的说明文与记叙文的风格，因此他提倡的文风被称为"古文"。虽然回归传统是这一文风文体的目标与精神，但以韩愈为代表的"古文运动"并不是要回到过去，而是要带来新的内容。这种新的古文体没有严格的写作规则，作者可自行决定韵律和结构，写出自然而不是受很多约束的文章。这不仅给个人表达提供最大的空间，还可以吸收当代词汇，发展新的语法。唐代另一位文学大师柳宗元也提倡古文运动。但无论是柳宗元还是韩愈都没有获得特别广泛的影响力，他们的文章在宋初并没有得到大范围流传。[30]骈文还占据统治地位。经过一定修改的严格的骈文在规则上略微放松，随后修改后的骈文被称为"时文"，也是科举考试中使用的文体。

在欧阳修以前，仅有少数作者更倾向于古文，声名显赫的官员王禹偁就是其中之一。他曾鼓励孙何与丁谓，赞扬他们是韩愈和柳宗元的后继力量，且他们的作品真正做到了"似六经"。但这两人的文章流传面也较窄。[31]柳开是另一位古文先锋，他热忱地学习韩愈的文章，并认为自己以古文创作的大量文章为当时最佳。柳开的狂热与自大并不招人喜欢，因此他显得格格不入。[32]另一位古文先锋穆修的境况也没好到哪里去。同柳开一样，穆修非常专注于研究唐代古文大师的文章。他随身携带韩愈的文章，而且坚持搜寻更好的抄本。经过二十年的努力，穆修终于凑齐了较为完整的韩愈文集，但很少有人对这一文集感兴趣。穆修晚年发现了一部非常好的柳宗元文集抄本，于是他印了数百部，去开封大相国寺摆摊售卖。为了吸引人们的注意，穆修称任何人只要能准确无误读出一段柳宗元文章节选都可以获赠一部文集。中国古代的书籍传统上并无标点，因此准确无误地阅读文章并非易事。这一促销手段并不成功。有时一整年中，一部柳宗元文集都没卖出或赠出。[33]大部分学者都不接受古文，他们认为古文甚少美学价值。

欧阳修还是个年轻人时，韩愈的作品在很大程度上不为人知。但三十年后，他的作品已被奉为圭臬。作为韩愈文章的主要推手，欧阳修讲述了自己的故事：

予少家汉东，汉东僻陋无学者，吾家又贫无藏书，州南有大姓李氏者，其子尧辅颇好学。予为儿童时，多游其家，见有弊筐贮故书在壁间，发而视之，得唐《昌黎先生文集》六卷，脱落颠倒无次序，因乞李氏以归。读之，见其言深厚而雄博，然予犹少，未能悉究其义，徒见其浩然无涯，若可爱。

是时天下学者杨、刘之作，号为时文，能者取科第，擅名声，以夸荣当世，未尝有道韩文者。予亦方举进士，以礼部诗赋为事。年十有七试于州，为有司所黜。因取所藏韩氏之文复阅之，则喟然叹曰：学者当至于是而止尔！因怪时人之不道，而顾己亦未暇学，徒时时独念于予心，以谓方从进士干禄以养亲，苟得禄矣，当尽力于斯文，以偿其素志。

后七年，举进士及第，官于洛阳。而尹师鲁之徒皆在，遂相与作为古文。因出所藏《昌黎集》而补缀之，求人家所有旧本而校定之。其后天下学者亦渐趋于古，而韩文遂行于世，至于今盖三十余年矣，学者非韩不学也，可谓盛矣！**34**

古文的兴起始于三个人的联合，这三人分别是有影响力的资助人钱惟演、古文先锋尹洙与受到尹洙激励的天才欧阳修。钱惟演并不是普通官员，而是五代十国吴越国王钱镠的曾孙。他出身长江下游，该地区在文化发展方面引领全国。不仅如此，钱惟演与宋朝皇室有姻亲关系。他位高权重，达到了宋朝文官系统中仅次于宰相的使相。洛阳是中国北方的文化中心，钱惟演在洛阳任职期间，部下有不少青年才俊，既有南方人也有北方人。那是个和平而繁荣的时代，地方官颇有文化造诣，人才济济，文人间的交流顺畅而愉悦。[35]钱惟演重修官邸，新建住宅与花园，命尹洙与欧阳修写文章庆贺此事。欧阳修的文章约千字，率先完成。尹洙则称他五百字便成一稿，且质量更佳。尹洙完成后，欧阳修不得不承认尹的文章凝练简洁，更胜一筹。但欧阳修并没有就此认输，他时常带着酒去找尹洙，二人就尹洙对文学的看法畅谈终日，欧阳修也从中不断学习。欧阳修对尹洙的一句话尤为印象深刻，"大抵文字所忌者，格弱字冗"，意思是许多人喜欢使用强有力的表达，但如果文章格局软弱，则难以写出好文章。尹洙还认为过度的赘言无法让文章更优秀。听闻此言，欧阳修很快又写下一篇文章，这次用的是古文体。这篇文章比尹洙那篇更精练。欧阳修在文学上如此快速的进步让尹洙惊叹不已。[36]

　　促使古文兴盛的另一因素在于使用它的人技艺越发精湛。宋初尝试古文写作的文人所作文章大多"断散拙鄙"。[37]正是在尹洙手中，古文才变得优雅而凝练，欧阳修经常对尹洙的文章赞不绝口。但当欧阳修给尹洙撰墓志铭时，他只是说尹洙的文章"简而有法"。这极为简短的赞扬引发了人们的猜疑，他们认为欧阳修是嫉妒尹洙的才华，因此吝惜赞美之词。欧阳修对此予以否认，他说对尹洙的赞美无以复加。欧阳修说："简而有法，此一句，在孔子六经，惟春秋可当之，其他经，非孔子自作文章，顾虽有法而不简也。而世之无知者，不考文之轻重，但责言之多少。"[38]实际上，欧阳修确实认为尹洙的文章不是最佳。例如，欧阳修与苏洵会面时曾说过："吾阅文士多矣。独喜欢尹师鲁、石守道。然意有所未足。今见子之文，吾意足矣。"[39]虽然欧阳修初师尹洙，但他并不认为自己的文章逊于尹洙。在写给梅尧臣的诗中，欧阳修回忆洛阳往事，称："文会忝予盟，诗坛推子将。"[40]欧阳修自认胜过尹洙的观点最终得到了历史认可：欧阳修被后世称为唐宋八大家之一，而尹洙却并未入选。

　　用英文讨论欧阳修散文的精妙之处十分困难，我在此仅引用一例而不予评论，以期文章的原汁原味能通过翻译展现出来。《醉翁亭记》是名篇,中国宋代文学选集无一不收录。"醉翁之意不在酒,在乎山水之间也。"欧阳修喜欢与人相处,该文便是描述的当时的情景:

环滁皆山也。其西南诸峰,林壑尤美,望之蔚然而深秀者,琅琊也。山行六七里,渐闻水声潺潺而泻出于两峰之间者,酿泉也。峰回路转,有亭翼然临于泉上者,醉翁亭也。作亭者谁?山之僧智仙也。名之者谁?太守自谓也。太守与客来饮于此,饮少辄醉,而年又最高,故自号曰醉翁也。醉翁之意不在酒,在乎山水之间也。山水之乐,得之心而寓之酒也。

若夫日出而林霏开,云归而岩穴暝,晦明变化者,山间之朝暮也。野芳发而幽香,佳木秀而繁阴,风霜高洁,水落而石出者,山间之四时也。朝而往,暮而归,四时之景不同,而乐亦无穷也。

至于负者歌于途,行者休于树,前者呼,后者应,伛偻提携,往来而不绝者,滁人游也。临溪而渔,溪深而鱼肥。酿泉为酒,泉香而酒洌;山肴野蔌,杂然而前陈者,太守宴也。宴酣之乐,非丝非竹,射者中,弈者胜,觥筹交错,起坐而喧哗者,众宾欢也。苍颜白发,颓然乎其间者,太守醉也。

已而夕阳在山，人影散乱，太守归而宾客从也。树林阴翳，鸣声上下，游人去而禽鸟乐也。然而禽鸟知山林之乐，而不知人之乐；人知从太守游而乐，而不知太守之乐其乐也。醉能同其乐，醒能述以文者，太守也。太守谓谁？庐陵欧阳修也。[41]

历史上的不同评论家都认为，欧阳修将古文推向极致的艺术高度。他使用最普通的词汇，文章却优雅且令人称奇。平常的词汇在欧阳修手中传达出无与伦比的意境：微妙的感情、深沉的思考、恢宏的景观或者新奇的观点。并且这一切似乎举重若轻。[42]这是一种新的创造，而非对"古文"的重现。如在刚才的例文中，"也"被用在每句的句末，共出现了21次，这表达了一种愉悦的心情，也创造了一种韵律的停顿。此前，没有人曾想过这样的写法。这一技法虽然卓越非凡，但读起来却非常自然，体现出一种简单而悠远的魅力。[43]这种修辞技巧并不仅仅源于聪慧，还是刻苦练习的结果。欧阳修解释道，写文章时应"摧其盛气而勉其思"。即使是随意的短文，欧阳修也是"作文既毕，贴之墙壁。坐卧观之，改正尽善，方出之示人"。[44]另外一则轶事很好地证明了欧阳修的完美主义。韩琦致仕，欧阳修撰文以示祝贺，这篇文章充分体现了韩琦荣归故里的心情。数日后，欧阳修又送来新稿，请求替换原来的文章。其实欧阳修只在第一句作了小小的改动，他在两个平行重句之间加了两次同样的连词。这一改动却在畅达微妙感情方面带来巨大的变化。[45]

这些修辞点可能会引起现代文学专业学生的兴趣，但对当时主张使用古文重振儒学精神的先锋文学家来说，这不值一提。在他们看来，这不过是形式的改革，不是精神的重生。但对欧阳修及其友人来说，写作本身就是一种自我教化，或者说，只有通过深入的自我砥砺才能让一个人的文章富有意义和价值。这就是韩愈所说的"文以载道"。出于同样的原因，欧阳修及其友人主张"文以论政"。但希望通过散文来推进崇高的事业还需扫清一个障碍，那便是需要解除时文体对公众品味的绑架。作为科举考试中唯一可用的文体，时文体牢牢保持着对公众的吸引力。于是欧阳修与朋友们决定，努力改变科举考试的标准。为了实现这个目标，长久而艰苦的斗争开始了。[46]

早在天圣七年（1029年），宋朝政府已经开始考虑人们对科举考试提出的批评意见。批评者称，"浮夸靡蔓之文，无益治道"，考生应"务明先圣之意"。但最终由于社会发展惰性与决策者们缺乏共识，科举考试的内容并没有发生正式的变化。[47]次年，晏殊主试贡举，他认可古文"文以载道"，借此机会支持其僚属范仲淹此前提出的建议，在科举考试中加入经世治国的相关内容，考生可用古文来论述。但这一建议被典型的官僚理由否决了，反对者称举子对经世致用"非素习"。但晏殊还是在这次考试中削弱了形式的重要性，更为重视关于经书的阐释与经世致用的论述。根据这些标准，一名叫欧阳修的举子取得了佳绩。正是因为取得了这一令人垂涎的成绩，欧阳修才得到了前往洛阳的机会。[48]

欧阳修到洛阳以后，声名鹊起，然而推广古文的事业仍任重而道远。景祐三年（1036年）被贬官后，欧阳修潜心历史研究与文学创作，这使他的古文在内容与形式上都飞速精进。庆历三四年间（1043—1044年），在范仲淹推动庆历改革期间，欧阳修与数人联合上书奏请对科举考试进行如下改革：

今先策论，则文辞者留心于治乱矣。简其程式，则闻博者得以驰骋矣。问以经义，则执经者不专于记诵矣。[49]

这一建议得到了采纳，欧阳修负责起草"颁贡举条例敕"。[50]

胜利是短暂的，改革者很快失势，他们的改革计划也戛然而止，科举考试体系中这一特殊的变化同样被废除了。不仅如此，保守派还发起了反攻，声称诗赋需遵循的音韵规律为考试评分提供了客观而公平的基础。策论的情况就不一样了，散文可以叙述很多观点，而评分将不可避免地受到主观因素的影响。保守派这一论点还辅以恶毒的攻击，他们称这次科举考试改革欠缺考虑，多此一举。"祖宗莫能改也，且异日尝得人矣"。[51]这样的说法将那些胆敢批判科举考试制度的人与对祖宗不敬直接挂钩。这一间接指控十分高明，那些改革者不正是通过原来的科举考试体系成为官员的吗？这些改革者不正是其主张毫无根据的最好证明吗？

庆历六年（1046年），此前同意改革科举的张方平被任命为主考官，他立即转变了立场，在奏议中称，强调"文以载道"导致了恶劣的风气，因为"有以变体而擢高等者"，许多举子错误地认为要在考试中脱颖而出的最佳方式是"各出新意，相胜为奇"，这些人"以怪诞诋讪为高，以流荡猥琐为瞻"。张方平这一观点当时占据了上风。张方平的奏议被抄录下来，"大书榜于贡院前"，警告考生不仅要遵守正统的文体，还需传承正统的思想。[52]虽然科举考试改回到原来的标准，但国子监的许多学子倾慕改革者的作为，因此继续用古文写作。保守派的攻击并没有停止。这场斗争直到庆历八年(1048年)才结束,朝廷正式下诏批评了学子们所谓的错误观念。[53]

欧阳修在失势苦闷的岁月里并未改变他的信念,他推广古文的意愿也从未改变。无论走到哪里,欧阳修都努力寻找有天分的作家,与其结交并加以鼓励。他正在低调地集结一支新的队伍。大约十年后,庆历新政引发的争斗逐渐尘埃落定,政坛上出现了更有利于改革派的气象。嘉祐二年(1057年),欧阳修再度掌权,受命主持进士试。欧阳修并未要求改革科举政策,他在选择科举考试题目时,自然侧重阐释经学与经世论的题目。[54]战火四燃,就从考场开始。许多举子并不适应这样的题目,作为其享有的特权,他们要求考官解释题目。欧阳修正好抓住这一机会,用了一整天时间来回应他们的疑问、抒发自己的观点,也希望能扭转部分举子的观念。欧阳修并未取得完全的胜利。夜幕降临,还有许多举子站在考场周围不停地争论抱怨。[55]这次考试的结果引发了一场愤怒的抗议。一些按旧标准原本非常有希望考取功名的考生聚集在朝堂外进行抗议。欧阳修一露面便被拦住、包围起来,还受到公开咒骂。举子们群情激奋,卫兵花了很大工夫才控制住局面。更有甚者,有人写了祭欧阳修文扔到他府上,还有人写艳词并大肆传播,词中重提张甥案以讽刺欧阳修私德有亏。[56]

这些下作的攻击本身显示出这些失望举子的软弱无力。欧阳修当时地位稳固，他们不敢从理论上挑战欧阳修，也没法在政治上抹黑欧阳修的声誉。最终，考试结果证明了欧阳修的正确。名列前茅的曾巩、著名的苏氏兄弟，还有其他许多中举之人毫无疑问都是天才。这些人一旦科举中第，阅读其作品的人越来越多且最终认可了他们的优秀。[57]虽然欧阳修的做法给个人带来了尴尬，但他坚持不懈的努力，却为古文推广赢得了决定性胜利。此事之后，各种史料对此事都有记载，虽然记述各不相同，但观点基本一致。《神宗实录》初稿极为忠实地记录了此事，称"士人初怨怨骂讥，中稍信服。已而文格变而复止"。明确推崇古文并强调策论的王安石，其支持者编写的重修《神宗实录》则夸大了这件事，称"一时文字大变从古"。根据上述两部著述编撰的《四朝国史》采取了折中的说法，称"场屋之习，从是遂变"，后来《宋史》沿用此语。欧阳修文集中附录的传记透露了更多细节信息，"五六年间，文格遂变而复古"。古文是欧阳修在孩提时从一个破旧篮子中发现的书接触到的文体，主要通过他的不懈推广，终于确立了在下一个千年中的地位。[58]

古文取得胜利，失望随之而来。古文一旦广受欢迎，一些缺乏文采的人只会模仿陈词滥调，在写作中没有投入任何思考。就像曾经的时文一样，古文变得失去了价值。欧阳修在晚年哀叹道，太多人希望把散文写作视为"急名誉而干势利之用"。[59]一则轶事充分证明了辨认真正忠于古文原则和仅是模仿其形式如何困难。刘几早已享有文人声誉，却在嘉祐二年（1057年）科举考试中落第，这让他心怀怨恨。根据故事所述，刘几写作艳词并故意署名欧阳修。这个狡猾的天才很快就掌握了古文体，几年后，欧阳修再次主持考试，举子刘辉所作的文章给他留下了深刻印象，因此欧阳修将此人置于榜首。后来有人告诉欧阳修刘辉的真实身份，其实就是刘几的化名。欧阳修深感震惊，但也无能为力。[60]这个故事可能并不真实，但却能说明问题。古文对最初的先锋者来说意义非凡，但作为一种确立的文体，它也不可避免地退化为一种平凡的空壳。这是科举考试系统决定的，并非古文这一文体本身的缺点。形式上结构自由，内在又以推行儒家思想为本心，古文的确体现了一种进步。

在接下来几个世纪，欧阳修一直被奉为散文权威。唐宋八大家包括唐代的韩愈、柳宗元，宋代的欧阳修、曾巩、王安石、苏洵、苏轼（苏东坡）与苏辙。欧阳修在其中是中心人物，他完善了两位前辈开启的文体，还鼓励着同朝代其他五位大师。在学术上与欧阳修交往最亲密的曾巩在几人中可能才力稍逊，全面性较弱。在散文方面，曾巩与其他几人实力相当，在诗歌上成就则略逊一筹。文学领域之外，曾巩对治经与探究形而上学非常感兴趣，这与后来南宋的潮流相符，于是曾巩后来得到了朱熹的认可。[61]"唐宋八大家"的其他四位宋人在全面性上与欧阳修旗鼓相当，其中王安石不仅是伟大的诗人，经学巨擘，还因主导熙宁变法而著称于世。苏洵与他的两个儿子都是诗人，他们在政治理论与实践上都有卓越成就，也因为雄辩赢得世人倾慕。

将王安石介绍给欧阳修的人是曾巩。最初，在欧阳修与王安石的交往中，曾巩发挥了中间人的作用。庆历四年(1044年)，曾巩写信给欧阳修：

巩之友王安石，文甚古，行甚称文。虽得科名，居今知安石者尚少也。彼诚自重，不愿知其人。尝与巩言，非先生无足知我也。[62]

不久之后，曾巩又在给王安石的信中写道：

欧公悉见足下之文，爱叹诵写，不胜其勤……甚欲一见足下。欧公更欲足下少开廓其文，勿用造语及模拟前人，请相度示及。欧云：孟韩文虽高，不必似之也。取其自然耳。[63]

欧阳修与王安石自此开始书信来往并交流诗歌。欧阳修在至和二年（1055年）和嘉祐元年（1056年）两度举荐王安石，那时两人甚至还未曾见面（在举荐伟大改革者王安石的同时，欧阳修还举荐了吕夷简的儿子吕公著，后来此人成了保守派的领袖）。[64]欧阳修与王安石在政治上的分歧从未抹杀两人之间的友谊。欧阳修去世时，王安石在祭文中说："然天下之无贤不肖，且犹为涕泣而歔欷。而况朝士大夫平昔游走，又予心之所仰慕而瞻依。"王安石还写道，他对欧阳修"心之所向慕而瞻依"。[65]

苏洵也是经人介绍给欧阳修的。如前所述，欧阳修认为苏洵在散文写作上胜过所有人。在给梅尧臣的信中，欧阳修对苏洵所作的文章连续发出惊叹和称赞："快哉！快哉！"在苏洵的两个儿子中，欧阳修更为欣赏苏东坡，这显然也是正确的排序。欧阳修对许多人说，此后可以把事业交给这个新进的天才。欧阳修对苏东坡本人说："吾老将休，付子斯文。"[66]

欧阳修对在伟大事业中取得的成功感到满意，他可以带着胜利的喜悦致仕。伟大的南宋哲学家朱熹对欧阳修的学术与私德有所指摘，但对他的诗文却只有称赞，称欧阳修的诗文"十分好"。[67]

1	将欧阳修的著作翻译成英文,参阅 Davidson(1957),437—440;以翻译成白话为例,参阅 K. C. Huang(1958)。
2	Hightower (1962),84.
3	T. P. K'o (1934),97-99; K. Liang (1938),39-51,74-77.
4	《欧阳永叔集》苏轼序;《宋史》卷319《欧阳修传》;《扪虱新话》卷8,第3页(参阅《习学记言》卷4,第7页)。
5	Rexroth(1955),58;《欧阳永叔集》第7册《钓者》,第31页。
6	Rexroth(1955),57;《欧阳永叔集》第2册《晚过水北》,第64页。
7	Rexroth(1955),59;《欧阳永叔集》第2册《丰乐亭游春三首》,第77—78页。
8	Rexroth(1955),61;《欧阳永叔集》第15册《阮郎归》,第12页。
9	Rexroth(1955),60;《欧阳永叔集》第2册《丰乐亭游春三首》,第77页。
10	《欧阳永叔集》第15册《玉楼春二十三》,第27页;我的英译。
11	Lin (1947),224.
12	《欧阳永叔集》第14册《诗话》,第111—119页。参阅 T. P. K'o (1934),6-7; K. Liang (1938), 39-51、74-77。
13	宾夕法尼亚大学的 Adele A. Rickett 未发表的论文,以及我自己的解释。
14	J. J. Y. Liu (1963) , 63.
15	《欧阳永叔集》第1册《水谷夜行寄子美圣俞》,第16页;第2册《读书》,第52页;第14册《诗话》,第114页。《宋人轶事汇编》卷4,第148页。
16	《欧阳永叔集》第4册《梅圣俞墓志铭》,第77页;第9册《书梅圣俞稿后》,第11页;第14册《诗话》,第114页。
17	《困学纪闻》卷18,第1387页。
18	《欧阳永叔集》第14册《诗话》,第114页;第14册《归田录》,第97页 [参阅《文献通考》卷234《经籍考六十一》,第1868—1869页;《宋史》卷443; S. Y. Kuo (1934), 1:397—401; Y. 1. Hu(1930), 43—48]。
19	《欧阳永叔集》第4册《梅圣俞墓志铭》,第76页;第5册《梅圣俞诗集序》,第64页。
20	J. J. Y. Liu (1963),30.
21	Hightower(1962),90 [参阅《扪虱新话》卷8,第34页;K. C. Huang(1958), preface, 3页]。
22	Hightower (1962), 91-92.
23	K. C. Huang(1958),13—20; Tanaka(1953);《宋人轶事汇编》卷8,第348页。
24	Tanaka (1953); Y. T. Lin (1947), 154.
25	《词选》序,12页,参阅 H. J. P'i(Ch'ing),"Shih-ching",65。
26	Hightower (1962),28-29.
27	Birch (1965),368;《欧阳永叔集》第3册《秋声赋》,第3页(第3册,英文原版误作第15册。——译者注)。
28	Waley(1925),99—102;《欧阳永叔集》第3册《鸣蝉赋》,第1—2页(第3册,英文原版误作第15册。——译者注)。
29	Locke (1951).
30	Hightower(1962),72—74,参阅 Pulleyblank(1959); M. Ch'ien(1957); C. S. Chin

31	《宋史》卷293《王禹偁传》，参阅《小畜集》、《邵氏闻见录》卷7，第5页；卷15，第5—6页。《涑水记闻》卷2，第9页。T. P. K'o(1934)，17—20。
32	SS-R, chap. 440, 参阅《河东先生集》；《能改斋漫录》卷10，第245—246页；《梦溪笔谈》卷9，第18页；《容斋随笔》续笔卷9，第12页；Chin(1963), 80—89。
33	《宋文鉴》卷85，第12—13页；卷112，第14—16页，参阅《穆参军集》；《宋史》卷442。《范文正公集》卷6《尹师鲁河南文集序》，第10—11页。《邵氏闻见录》卷15，第5—6页；卷16，第3页；《东轩笔录》卷3，第6—7页。《旧闻证误》卷4，第32页。Locke(1951), part 2, 36—59; C. S. Chin (1963), 89—95。
34	《欧阳永叔集》第9册《记旧本韩文后》，第17—18页，参阅Nivison(1960)，177—178；《容斋随笔》续笔卷9，第88—89页。
35	《欧阳永叔集》第4册《张子野墓志铭》，第15—17页；第6册《七交七首》，第40—41页，第50—51页，参阅Locke(1951), part 2, p.39ff。
36	《邵氏闻见录》卷8，第5页；《宋稗类钞》卷5，第3页。
37	《习学记言》卷49，第10页，参阅《墨客挥犀》卷2，第2页；《宋稗类钞》卷5，第2页；《鹤林玉露》卷5，第10页；S. M. Lii(1931), 8—15。
38	《宋史》卷295（参阅《河南文集》）；《扪虱新话》卷5，第1页（参阅《河南文集》卷28，第26—27页）；《欧阳永叔集》第4册《尹师鲁墓志铭》，第25页；第9册《论尹师鲁墓志》，第13—15页，参阅《范文正公集》(《河南文集》序)第6册《答宋咸书》，第10—11页。
39	《邵氏闻见后录》卷15，第2页。
40	《欧阳永叔集》第6册《答梅圣俞寺丞见寄》，第61页。
41	Chin. Lit. (1961),54-55.
42	《鹤林玉露》卷5，第10页；S. M. Lii(1931), 8—15。
43	《容斋五笔》卷8，第4页（参阅《欧阳永叔集》第18册《事迹》，第58页；《旧闻证误》卷3，第22页）。
44	《欧阳永叔集》第5册《送张唐民归青州序》，第61页；第3册《春秋或问》，第36页；《内殿崇班薛君墓表》，第87页；第6册《答梅圣俞寺丞见寄》，第61页；第8册《代人上王枢密求先集序》，第53页；《与杜诉论祁公墓志书》，第79页。《南窗通谈》，第2页。《春渚纪闻》卷7，第1页。《扪虱新话》卷5，第3页。
45	KTL, 8, 参阅《欧阳永叔集》第5册《相州昼锦堂记》，第44页。
46	Nivison(1959), 8—9；《欧阳永叔集》第6册《与荆南乐秀才书》，第5页；T. C. Ch'en (1945), 7; Locke(1951), part 2, 34—36。
47	《续资治通鉴长编》卷108，第1页。
48	《续资治通鉴长编》卷101，第1页、第9—11页；卷109，第1页、第11页，参阅《宋史》卷311；《范文正公集·年谱》卷10，卷121，第6页。
49	《续资治通鉴长编》卷147，第9—11页，参阅《欧阳永叔集》第9册《颁贡举条制敕》，第72页；第12册《论更改贡举事件札子》，第76—80页。《文献通考》卷31《选举考四》，第290页。《范文正公集》卷9，第1—2页。
50	《续资治通鉴长编》卷147，第10—11页；《欧阳永叔集》第9册《颁贡举条制敕》，第

72页。

51　《续资治通鉴长编》卷155，第4页；《文献通考》卷31《选举考四》，第290页。

52　《续资治通鉴长编》卷155，第4页；第158，第4—6页，参阅《栾城集》卷20，第11—12页，附录，第12页。

53　《续资治通鉴长编》卷164，第3—5页；卷190，第20—21页，参阅《宋史》卷155《选举志一》；《儒林公议》卷1，第14—16页；卷2，第9—11页。

54　《续资治通鉴长编》卷185，第1页；《欧阳永叔集》第6册《问进士策四首》，第17—19页；第9册《国学试策三道》，第47页。

55　《桯史》卷9，第2页；《宋人轶事汇编》卷6，第232—233页。

56　《续资治通鉴长编》卷185，第1页；《宋史》卷319《欧阳修传》；《经进东坡文集事略》卷41《上欧阳内翰书》，第715—716页；《钱氏私志》，第3—4页；Tanaka (1953)。

57　《欧阳永叔集》第18册《事迹》，第67页，参阅《栾城集》卷22，第1—2页；Y. T. Lin (1947), 28, 38—40, 53。

58　《欧阳永叔集》第18册《祭文》，第6页；《神宗实录本传（墨本）》，第36页；《重修实录本传（朱本）》，第44—48页；《四朝国史本传》，第53页；《事迹》，第67页，参阅《经进东坡文集事略》卷41《上欧阳内翰书》，第715—716页；《宋史》卷319《欧阳修传》；《文献通考》卷31《选举考四》，第290页；《续资治通鉴长编》卷185，第1页。

59　《欧阳永叔集》第9册《论尹师鲁墓志》，第15页，参阅《东轩笔录》卷4，第1—2页。

60　《梦溪笔谈》卷9，第2—3页，参阅 Tanaka (1953)；《困学纪闻》卷20，第15页。

61　《欧阳永叔集》第13册《举章望之曾巩王回等充馆职状》，第34页；第18册《事迹》，第58—59页。《元丰类稿》卷18《筠州学记》，第3页；卷51《墓志》，第9页；《曾文定公年谱》，第2—4页，第13页，第19页，第22页、第25页；《栾城集》后集卷22《亡兄子瞻端明墓志铭》，第1—2页。《公是集》卷12，第741页。《步里客谈》下卷，第2页。

62　《元丰类稿》卷15《上欧阳舍人书》，第8页；卷15《上蔡学士书》，第10页；《再与欧阳舍人书》，第18页。

63　《元丰类稿》卷16《与王介甫第一书》，第5—6页（参阅《邵氏闻见后录》卷14，第2页；《扪虱新话》卷6，第1页；《容斋随笔》三笔卷1，第9页，第1卷，第18页）。

64　《欧阳永叔集》第13册《荐王安石吕公著札子》，第12页；第2册，第26页；《明妃曲和王介甫作》，第47页；第13册《举刘攽吕惠卿充馆职札子》，第45页；第16册《与王文公》，第102页；第17册《与刘侍读》，第16页（参阅《续资治通鉴长编》卷190，第3页。《王临川集》第2册，第28页；第3册《李醇永州赠》，第55页。《能改斋漫录》卷3，第54页）。

65　《王临川集》第9册，第24—25页，参阅《欧阳永叔集》第16册《与执政》，第127—128页；第18册《祭文》，第2—3页。

66　《困学纪闻》卷18，第1381页。《欧阳永叔集》第18册《祭文》，第5—6页；第13册《论均税札子》，第40页；第14册《苏氏四六》，第133页；第16册《与富文忠公》，第89页。《邵氏闻见后录》卷15，第24页。《嘉祐集》卷1，第2页；《续资治通鉴长编》卷192，第5—6页。《栾城集》卷39，第58页；卷22，第1—2页；Y. T. Lin (1947), 35—36, 42, 183。

67　《朱子语类》卷139《论文上》，第10—12页，参阅《鹤林玉露》卷14，第4—5页；卷15，第5页。《习学记言》卷47，第8—10页；卷50，第1—4页。

ELEVEN
RATIONALISM AND RELIGION
第十一章
理性主义与宗教

欧阳修曾撰写过《本论》，这让他给多数历史学家留下一个疑神论者的形象，[1]然而事实却并非如此。首先，宗教信仰对宋朝社会产生了广泛而深刻的影响，即使士大夫也无法摆脱。几个世纪以来，佛教一直稳居宗教的统治地位，仅次于佛教的是道教，道教与佛教一直存在竞争关系。此外，还有混杂佛教、道教色彩的多神式的大众信仰。有些大众信仰风靡全国，有些则更具有地域性的特征。

　　为了满足上至朝廷，下至百姓各类人群的需求，士大夫经常撰写宗教祝文。一方面，他们有义务向朝廷、皇室宗亲提供有关佛教、道教的各项服务；[2]另一方面，为地方百姓举办各种喜闻乐见的宗教仪式也是士大夫职责所在。在欧阳修的文集中，约有400篇祝文，其中1/4撰写于他在朝廷为官期间。[3]这些祝文因用红色颜料写于青藤纸（颜色接近于灰色）上，而被称作"青词"，主要供祈禳法事焚烧使用。按照习俗，所有祝文均为骈文，要求形式工整、文字华丽，这一点尤其令欧阳修生厌。祝文主要用于供奉上天的各路神仙，例如，五龙神和九龙神、东岳泰山、北岳恒山、城隍，等等；还有的献给与神祇无关的历史人物，诸如汉高祖刘邦、汉景帝，以及东汉末三国猛将张飞——一位在传说和诗赋中十分流行的人物。[4]

欧阳修在撰写此类文体时，毫不掩饰其怀疑、厌恶的态度。[5]如他所言，大多数祈雨祈风的诗文无非是对自然灾害的回应。根据习俗，"吏知人力不能为，犹竭其力而不得已"。[6]多数情况下，欧阳修仿照韩愈的《祭鳄鱼文》，在祝文中添加理性的诉求，以提醒诸神灵，应视拯救民众于水火为己任。例如，欧阳修这样写道："故水旱之灾，不以责吏，则以告神。"在一篇宗教祝文中，他解释道："敢问雨者，于神谁尸？吏能知人，不能知雨……吏竭其力，神佑以灵。各供其职，无愧斯民。"类似的文字还有："水旱而不时，饥馑而疾疫，此人力所不能及而皆职神之由。"可以看出，韩愈、欧阳修等推崇理性主义的儒学家至少已在字面上接受了神祇神通广大的概念，而这正是中国传统宗教的特点。士大夫接受这一概念折射出其自身的官僚主义思维，仿佛神祇也维持着官僚体系，关怀整个自然世界以及自然以外的世界。

儒家思想主要基于理性主义和现世原则，但同时也包融了一些非儒家思想的异端和非理性信仰。例如，阴阳概念和五行理论早在汉初就为人们所接受。儒家思想进而陷入一个不同以往的境地——认为天理与人事之间存在互动。根据这一信仰，慈悲为怀的神力和德行有助于带来好运。然而，慈悲为怀的神力却很少吸纳儒家的理性主义思想。它们认为德行更为有效,因为上天会奖赏正直的人。自然灾害或异兆通常被视作上天不满当朝者的行为——尸位素餐或罪大恶极,继而给出的警示。因此,相对于祈求上天保佑,皇帝采取整改措施才更重要。这也是欧阳修的立场。在一次重大洪灾之后,他在进呈宋仁宗的奏议中援引这一传统信仰,敦促宋仁宗收养宗子,因为宋仁宗多年膝下无子。欧阳修私下里承认,这个念头萦绕在他的脑海里已经有段时日了,仅仅是"因大水言之",并非真的相信天人相应之说。[7]欧阳修忠于儒家思想的理性主义,但愿意适当地向盛行的非理性主义信念妥协,或对其加以利用,以达到想要的结局,这并不是真正的信奉。

理性主义促使欧阳修破旧立新。他援引圣贤的例子来证明自己的观点:"凡物有常理。而推之不知者,圣人之所不言也。"[8]他经常从这一角度表达对道教的怀疑。欧阳修在一首诗中写道:"仙境不可到,谁知仙有无?"另一首诗也写道:"乃知神仙事茫昧,真伪莫究徒自传。"[9]在从事史学研究时,欧阳修接触到道教经典著作《黄庭经》,该书大约写于公元二三世纪,通过控制人体的精气神,以求长生不老。欧阳修为这部著作写了一个带有批判性质的《删正黄庭经序》,部分内容如下:

自古有道无仙,而后世之人知有道而不得其道,不知无仙而妄学仙,此我之所哀也。道者,自然之道也,生而必死,亦自然之理也……后世贪生之徒,为养生之术者,无所不至,至茹草木,服金石,吸日月之精光。又有以谓此外物不足恃,而反求诸内者,于是息虑绝欲,炼精气,勤吐纳,专于内守,以养其神……世传《黄庭经》者,魏、晋间道士养生之书也。其说专于养内,多奇怪,故其传之久则易为讹舛。[10]

欧阳修在该序言中自号为"无仙子",实为否认神仙的存在。

道教根据其性质,强调隐世、无为以及虚静。道士通常不主张外传要义秘籍,因而道教对外界社会几乎不会造成太大影响。正如欧阳修研究道教史实所发现的,"道家非遭人主之好尚,不能独兴"。[11]

佛教则不同。它进入中国社会,或者说它征服了中国社会。有说法称大约从三世纪开始,佛教成为中国人生活中不可或缺的部分,并于唐朝达到鼎盛。寺庙随处可见,气势宏伟的寺庙屹立于城市中心,精致华丽的寺庙依傍于山麓,久负盛名的寺庙坐落在风景秀丽的半山腰……即便在偏远的村庄也能看到小庙宇。人们在寺庙里开展诸多领域的活动，包括智力、教育、艺术、经济和社会等方面的活动。寺庙获得了各阶层民众的支持，分享皇家贵族的地位及其影响力，拥有免税的土地，从事商业活动，产生了众多与学者广泛交往的高僧。同时，寺庙还为读不到书的学子提供食宿，寺庙救济穷人，并为所有遇到困难的人提供庇护。佛教的宗教教义和哲学思想通过讲课、讨论、讲故事、唱戏及其他时下流行的方式得到了传播，节日期间娱乐大众，与平民关系紧密，其中不乏虔诚的俗家弟子。简而言之，寺庙成了百姓大众的文化和社交中心。佛教不仅仅是宗教信仰，更成为中国百姓的生活方式。[12]

在宋朝，佛教的受欢迎度有所下降，但这只是与它在唐朝的鼎盛时期相比稍有下滑。在致力于振兴儒家思想的士大夫看来，佛教仍具有深远的影响。士大夫对佛教的不满部分源自其众多的世俗活动，而"动摇兴作"尤其遭他们反感。在当时的社会，佛教代表着一股强大的社会力量，拥有深厚的群众基础，儒教国家发现佛教实力强大令人担忧，难以控制。正如欧阳修所言，"然而佛能箝人情，而鼓以祸福，人之趣者常众而炽，老氏独好言清净、远去、灵仙飞化之术。其事冥深，不可质究，则其为常以淡泊无为为务。故凡佛氏之动摇兴作，为力甚易"。[13]

根据欧阳修的描述,他的叔父欧阳载曾见闻过一场因无知百姓盲目相信佛教造成的社会悲剧:

京师岁旱,有浮图人断臂祷雨,官为起寺于龟山,自京师王公大臣皆礼下之,其势倾动四方。又诱民男女投淮水死,曰:"佛之法,用此得大利。"而愚民岁死淮水者几百人。至其临溺时,用其徒唱呼前后,拥之以入,至有自悔欲走者,叫号不得免。府君闻之,惊曰:"害有大于此邪!"尽捕其徒,诘其奸民,诛数人,遣还乡里者数百人,遂毁其寺。[14]

性质如此恶劣的案件比较罕见,或许属于例外情况。但是,正如欧阳修提到的"有妖僧者,以伪言诱民男女数百人,往往昼夜为会,凡六七年不废",抑或"相聚为佛事,以利钱财",这些却是很常见的现象。[15]从儒家的观点来看,这些伤风败俗的事情都应该禁止。

虽然一些佛教活动没有破坏公共秩序,也不属于不道德的行为,但挥霍浪费——"兴作"也有悖于儒家节俭的理念。在当时的文化中心洛阳,重要的佛寺长期接受信徒的慷慨馈赠,包括礼物和土地等。位于城市黄金地段的寺庙建筑与侯家主第的楼台屋瓦高下相望,竞相媲美。从宋初，一些世家大族和富商巨贾纷纷搬离洛阳，佛教获得的资助逐渐减少。但在其他北方城市，佛教继续享受富人们的大力支持。如果说佛教在北方有所损失，那么在南方则得到了加倍补偿，尤其是在美丽的杭州和福建的几座城市，佛教尤为兴盛。在杭州——后来因马可·波罗誉为中国首屈一指的城市而闻名遐迩，成千上万户家庭从早到晚焚着制作精美的香。佛寺的墙壁布满光彩夺目、五颜六色的饰物；大殿内金碧辉煌；寺庙里的家具都是无价之宝，素斋素食精心置办。有时，寺庙举办一场盛宴要花费白银千两。而在福建的几个城市，铺张浪费的现象更令人瞠目。"闽俗重凶事，其奉浮图，会宾客，以尽力丰侈为孝。否则深自愧恨，为乡里羞"。从儒家提倡节俭的角度来看，这种铺张浪费是不合理的；从社会利益的角度来看，这种挥霍无度是徒劳的。许多儒学家憎恶佛寺，认为他们是寄生虫，利用免税特权吸收财富、享受财富，除了偶尔做做慈善，对公共福利贡献甚微。[16]

有时，杰出的官员尝试采取一些措施以扭转这一状况。欧阳修讲述了他的叔父欧阳晔曾经迫使寺庙救荒的故事：

大洪山奇峰寺聚僧数百人，转运使疑其积物多而僧为奸利，命公往籍之。僧以白金千两馈公，公笑曰："吾安用此？然汝能听我言乎？今岁大凶，汝有积谷六七万石，能尽以输官而赈民，则吾不籍汝。"僧喜曰："诺。"饥民赖以全活。[17]

范仲淹知杭州期间，这个平日里富庶繁华的大都市遭遇了饥荒。范仲淹制定了较为现代的兴工代赈政策：通过增加政府和个人支出，刺激整个经济。他要求佛寺进行慈善捐赠，并说服寺庙开设建设工程，从而扩大就业、提高穷人收入。[18]

僧侣干涉政务是儒家反佛的另一个原因。僧侣们"奉娱太后，结交内侍"，也经常从政府寻求特殊的赞助支持。如果僧侣结交的朋友势力足够大，拒绝帮助他们的官员便可能会招致皇家不满。遇到这种情况，朝廷一般会支持那些循规蹈矩、刚正不阿的官员，但官员偶尔也会遇到麻烦。儒家与佛教之间的另一个冲突是僧官的任命问题。在理论上，对有资质的僧侣候选人进行预先筛选后，应由中书向朝廷提出任命建议。然而，有影响力的僧侣有时会越过正常程序，"由宫中内降旨意，另任一人"。欧阳修指出："内臣干扰朝政，不可启其习！"[19]

人们对僧侣的这些行为恶评如潮，更加坚定了激进的新儒家反佛的基本哲学态度。新儒家热切地盼望重振儒家思想在教育、国事，乃至社会各领域的主导地位。在他们看来，这个地位被佛教篡取实属荒谬无理，令人遗憾。在这种狂热精神的鼓舞下，欧阳修向佛教发起了理论攻击。他的理论基于对历史的解读，即从儒家的"礼义"立论，重点强调社会习俗的重要性。正如前文讨论过的，通过对《周礼》的研究，欧阳修高度赞扬了规范人们行为的古训。在他编纂的《新唐书·礼乐志》开篇，欧阳修更强有力地表达了这一主题。在他拟想乌托邦式的古代社会里，礼乐的意义究竟在何处？可以肯定的是，它绝不是虚设的仪式。它们表达了社会意识，更具体到每一个需要和每一个细节，规范着人们生活的方方面面，最终形成一种有意义的、和谐的道德哲学秩序，同时又兼具一定的艺术性。自从传说中的上古三代，尤其是秦朝实施"车同轨，书同文"以来，并没有哪个朝代认识到了这些习俗的深刻意义，也没有给予它们应有的关注。于是礼崩乐坏，逐渐无法满足人民的需要，变成了"缺乏现实意义的表达"：空洞、沉闷和纯粹的形式主义。而佛教恰好填补了人们不能被满足的空虚。若想扭转这个局势，除了振兴儒学、恢复古代传统习俗以外，没有更好的解决办法。优秀的思想和习俗合二为一，能给人们带来精神力量，帮助人们摆脱对佛教及其他宗教的依赖。[20]

上述理论在欧阳修著名的《本论》中得到了充分阐述。该文作为儒学复兴的指路明灯，迅速取代了韩愈的《原道》。韩愈曾呼吁公开讨伐僧侣，认为应该"人其人，火其书，庐其居"！欧阳修认为这样的解决方案不够理智，带有情绪化，也几乎不可行。石介紧随韩愈的步伐，猛烈抨击佛教。[21]欧阳修对此并不苟同。他认为应该接受佛教受大众欢迎的事实；进行赤裸裸的镇压不仅徒劳无功，也不符合实际，应该进一步挖掘佛教受欢迎的深层次原因。只有这些根本原因得到彻底铲除，才能真正扭转局面。因此，欧阳修呼吁进行积极的改革，而不是消极的迫害。此外，儒家必须认识到，个人的道德进步不足以解决社会问题，社会习俗的彻底革新才是必要手段。[22]

在《本论》中，欧阳修将佛教与医学进行类比分析，佛教被比作疾病，利用儒家衰弱的契机进入中国，传播开来：

王政阙，礼义废，后二百余年而佛至乎中国。由是言之，佛所以为吾患者，乘其阙废之时而来，此其受患之本也。补其阙，修其废，使王政明而礼义充，则虽有佛无所施于吾民矣,此亦自然之势也。[23]

那么,针对佛教的弊病,欧阳修开出什么"处方"?他没有采用韩愈强制镇压的猛药,还有另外一个原因:欧阳修认为战胜佛教的关键在于"礼义",而"礼义"须在"病人"的配合下逐渐被接受。[24]药效不会立竿见影,这些温和的药性应该慢慢起作用。正如欧阳修所说:

然而民皆相率而归焉者,以佛有为善之说故也。呜呼!诚使吾民晓然知礼义之为善,则安知不相率而从哉?奈何教之谕之之不至也?佛之说,熟于人耳、入乎其心久矣,至于礼义之事,则未尝见闻。今将号于众曰:禁汝之佛而为吾礼义!则民将骇而走矣。莫若为之以渐,使其不知而趣焉可也。[25]

这段文字再次表明欧阳修倾向于循序渐进的改良,而非大刀阔斧的改革。他的渐进主义需要在理想激情与现实评估之间取得良好的平衡。这种合理的方式也符合他推崇的理性主义思想。

欧阳修对佛教的抨击铿锵有力,这一点天下人尽知。然而,这些攻击却仅限于理论;事实上,甚至连他本人也没能严格遵循其宣扬的重礼义之说。父母去世后，恪守儒家传统的欧阳修本应亲自为父母修葺坟墓，打扫祭拜。但这些看似分内的事却因他在朝廷为官被搁置。按照当时的习俗，高官享有特权，可由政府安排的当地寺庙代为举行这些仪式。由于承办这些仪式的多为当地佛寺，欧阳修相当长一段时间没有去申请这项特权。最后，好友韩琦将其说服，由当地一座道观代为安排祭祀事宜。此后，道士们便如同欧阳修家的后人一样，负责一年一度的祭祀。[26]

尽管欧阳修痛斥佛教，但这丝毫没有影响他广交博学的僧人。在洛阳期间，有朋友说服欧阳修（起初他并不愿意）前去拜访一位隐居的高僧。这位高僧精通佛法，口齿伶俐，话语温和，应答如流，欧阳修禁不住心生敬佩。后来，精通音韵的高僧鉴聿也给他留下了深刻的印象。欧阳修还为其撰写的《韵总》五篇写序。欧阳修在序中坦言，在发现、纠正前人著作错误方面，没有儒家学者能与鉴聿媲美。欧阳修提到鉴聿来自诗书之家，且通晓《易》——以此暗示他骨子里本是儒家。[27]欧阳修常常结交有名望的诗僧，也曾抒发《宋九僧诗》失传的遗憾。前文提到，欧阳修年轻时结交了一位好友，叫石曼卿。在他的引荐下，欧阳修结识了两位诗僧——秘演和惟俨，他还为二人的作品作序。[28]欧阳修有意在序中提到了两位高僧的儒家资质。欧阳修如

此评价秘演:

> 秘演状貌雄杰,其胸中浩然。既习于佛,无所用,独其诗可行于世。而懒不自惜,已老,胠其橐,尚得三四百篇,皆可喜者。[29]

关于惟俨,欧阳修如是评价,"虽学于佛而通儒术"。"居相国浮图,不出其户十五年"。"士尝游其室者","天下之务,当世之利病,与其言终日不厌"。[30]

所有这些受过儒家教育的高僧都被欧阳修视为"遗贤"。他时不时地试图劝诱他们还俗。他曾为诗僧作诗一首,诗里如是说:

> 子佛与吾儒,
> 异辙难同轮。
> ……
> 苟能知所归,
> 固有路自新。

欧阳修与诸多高僧结下了深厚长久的友谊,慧勤便是其中之一。慧勤是杭州人,经常从杭州跑到开封看望欧阳修。欧阳修总是向他抱怨南方佛寺的奢华放纵和其他社会弊病，向他灌输不同的观点，希望逐渐改变慧勤的宗教信仰，最终回归儒家思想。欧阳修貌似在他结交佛教徒的过程中，偶尔实践了《本论》中的渐进式改革法。然而，他终究也没能影响到任何僧人，也没有人因为他而放弃佛教皈依儒宗。[31]

从根本上看，欧阳修主张的儒家理性主义具有明显的局限性。例如，当处于危险时，人们为什么会本能地呼唤神祇、寻求庇佑？儒家对这方面很少作出解释。欧阳修也坦言，在被贬官离京、流离颠沛的日子里，自己曾在渡长江时遭遇"风波之恐"，其间多次乞求神祇保佑。[32]而人的命运则是儒家无法很好解释的另一个谜题。正如欧阳修所说：

呜呼！语称君子知命。所谓命，其果可知乎？贵贱穷亨，用舍进退，得失成败，其有幸有不幸，或当然而不然，而皆不知其所以然者，则推之于天，曰有命。夫君子所谓知命者，知此而已。[33]

作为理性主义者，欧阳修毫不犹豫地破旧立新。他质疑儒家思想中的一些常见说法和信念，甚至质疑大师的

智慧。下面的段落充分体现了他理性的疑古思想:

曰仁者寿兮,是亦爱之者说;谓善必福兮,得非以己而推天?祸福吉凶,至其难通,虽圣人亦曰命而罕言兮,岂其至此而辞穷?[34]

欧阳修最后总结道:"命也难知理莫求。"[35]

如果说命运问题困扰着欧阳修,占卜更令他费解。他指出:"相法,其事甚怪",其预测往往很准确。例如,欧阳修曾对苏东坡提到他年轻时发生的一件事。一位卜者预言他"耳白于面,名满天;唇不著齿,无事得谤"。欧阳修称:"其言颇验。"在双亲墓碑上刻写的表文——《泷冈阡表》中,欧阳修记载了卜者准确预测父亲"岁行在戌,将死",果然应验。这些经历不禁令欧阳修心生疑惑:"所谓命者,果有数耶?其果可以自知耶?"[36]

佛教认为人的今生是前世的轮回、转世。而在中国社会,根深蒂固的儒家思想崇尚敬祖,很难接受这个理念,尤其反感佛教认为先人经投胎转世后,完全变成另外一个陌生人这一概念。中国本土最广为接受、深入人心的命运观是阴德果报的信念。更具体地说,果报见验于个人轮回再世,见验于后世子孙。对于以家庭为重、注重道德的中国人来说，这似乎成为最为合理的观点。正如欧阳修在父母的墓碑表文中记载："为善无不报而迟速有时，此理之常也。惟我祖考，积善成德，宜享其隆，虽不克有于其躬，而赐爵受封，显荣褒大，实有三朝之锡命，是足以表见于后世，而庇赖其子孙矣。"此外，欧阳修在为其他人家撰写的众多墓志铭中，也表达了同样的思想："为善之效无不报，然其迟速不必问也。故不在身者，则其在子孙。或晦于当时者，必显于后世。"[37]

阴德果报难以令人信服的原因在于"行善未必有善报"。许多长辈尽管言行堪称表率，但依然未见家族显赫。欧阳修只能勉强解释信仰与现实之间的明显差别，声称"惟彼世德，如流有源，其来者远，愈积益蕃"。[38]而真正压倒欧阳修的最后一根稻草，是他夫人娘家发生的一场悲剧。欧阳修的岳父薛奎是贤德、知名的资政殿学士，家中的独子薛直孺体弱多病，英年早逝。薛直孺虽两度娶妻，但都没能留下子嗣，薛家的香火无法延续，落得"绝后"的结局，真可谓悲惨。这场悲剧离欧阳修的家人太近了，无法回避"善恶贤愚，非有契符。报或一差，咎谁归辜"这一事实。[39]他陷入痛苦，却不甘"至此而辞穷"，便试图从社会不朽说寻求慰藉。正如欧阳修所说，"自古贤人君子未必皆有后。其功德名誉垂世而不朽者，非皆因其子孙而传也……乃天下之所传也"。**40**这种哲学思想最初在《左传》(有时被视作次等的经)里有所体现。它建议人们"立德，立功，立言"，以形成持久的社会功德。欧阳修补充了他的个人理解："修之于身，施之于事，见之于言，是三者所以不朽而存也。"**41**(20世纪初，著名的实用主义哲学家胡适也重申了同样的观点，将西方的思维方法与中国传统的理性主义观点相结合。)**42**

然而，无论社会不朽说这一哲学概念如何强调理性，也无法取代宗教的地位。当时的欧阳修便陷入了这样的境地：在与神秘的命运说抗争的过程中，欧阳修穷尽儒家理性主义所有合乎逻辑的说法，仍旧无法找到内心的平静。他会一直陷在这个极不稳定的思想漩涡中吗？据其儿子的朋友说，欧阳修的确在他不久于人世之前考虑过皈依佛教。欧阳修非常敬重的好友富弼为人正直、谨慎，传言称："公晚闻富韩公得道于净慈本老，执礼甚恭。以为富公非苟下人者，因心动。时与法师住荐福寺。所谓颙，华严本之高弟。公稍从问其说，颙使观《华严经》，读未终而薨。"**43**抨击佛教的先驱人物——韩愈也有晚年追随僧侣学习佛学的传说。无独有偶，年轻时便与欧阳修一道抨击佛教的尹洙，后来亦对佛学产生了兴趣。**44**有关欧阳修的故事，不论虚实真假，都符合人们用佛教来填补儒家理性主义空白的倾向。尽管佛教助长了社会弊病，但它却是中国传统宗教中最具吸引力的精神力量，正如欧阳修的门徒、苏东坡的兄弟苏辙所宣称的："既涉世多难，知佛法之可以为归也。"[45]

应该进一步指出的是，虽然欧阳修信奉儒家思想，是疑神论者，但他的夫人信佛，且其他家庭成员也跟着效仿信佛。[46]薛家遭遇过不幸，她这么做也是情有可原。于是，坊间流传着一些有趣的轶事，映射了欧阳修的家庭生活：

公之幼子小字"和尚"。或问："公既不喜佛，排浮屠，而以'和尚'名子，何也？"公曰："所以贱之也，如今人家以牛驴名小儿耳。"闻者大笑，且伏公之辨也。[47]

这则轶事的文末语句暗藏线索：这更像是欧阳修夫人给孩子起的名字。欧阳修无法改变这个事实，也无从反对，只能通过幽默的方式化解，以摆脱公众印象和私人生活明显不一致的窘境。

理学家们接过欧阳修的衣钵，但他们似乎并没有留意他晚年对佛教产生的所谓兴趣，也没有注意到他的家人信佛甚笃之事。他们认为，欧阳修在《本论》及其他著作中表达的观点尚浅，没有触及问题的核心。尽管他们认同强化儒家的社会习俗有助于减少佛教对社会层面的影响，但唯一能彻底根除佛教吸引力的还是哲学。北宋末年的儒学领军人物杨时评论道，韩愈、欧阳修等先驱反佛的效果事与愿违，主要是因为他们没有逃脱世俗的范畴。[48]如何挑战佛教的人生观？儒家思想必须达到更高的层次。正如儒家的社会习俗会击退佛教习俗一样，儒家更优越的形而上学体系终将取代佛教的思维。

新儒家思想发展至南宋朱熹时达到巅峰。伟大的新儒家思想集大成者朱熹及其理学学派提出，应发展出一套面面俱到的学说，以作为修身养性形而上学的基础，同时振兴儒家思想。例如，欧阳修思想中的理性原则"理"，被这些理学家们拓展为一种恒久原则，等同于整个宇宙的现实存在，也是构建人类、人类思想和人性等一切事物的基础。欧阳修仅仅对"理"进行了推理。这些理学家则认为，理解"理"，需认识宇宙万物，同时又要不断地加以约束，以确保专注。这些约束力包括无欲无求、心平气和，最终在精神上获得深远、纯粹的平静。理学思想结合了儒家的形而上学体系和颇受佛教影响的哲学思考方式，这种思想一旦发展成熟，便会转而挑战佛教。[49]它认为生命要有意义，不能虚度。身为凡人，实现普遍原则的价值便是不朽。普遍存在即现实，包括世界万物和形而上学两部分——除此之外，再没有其他世界。先进的儒家思想和现实——普遍存在的一切,二者浑然一体;而充满先验、神秘和经验的现实,则纯属佛教的妄想。

　　新儒家哲学超越了之前所有的思想。[50]它取代佛教了吗?对于少数领军的思想家来说,也许是这样的;但对绝大多数人来说,佛教仍然是主要的宗教。即便是朱熹也承认,"其盛如此,其势如何拗他得转。吾人家守得一世再世,不崇尚他者,已自难得。三世之后,亦必被他转了。"[51]至此,人们终于承认,即使与佛教结合,儒家哲学也不能替代宗教。长久以来,儒家的理性主义一直和大量与之格格不入的宗教共存。新儒家们付出的一切努力并不能根除佛教,也无法按照他们的愿景打造一个纯粹的儒家社会。

1	De Bary et al. (1960), 441-445.
2	《欧阳永叔集》第3册《鸣蝉赋》,第2页;第5册《墓志铭十七首》,第10—20页。
3	《欧阳永叔集》第10册《内制集》,第1—95页。
4	《欧阳永叔集》第6册《祭文二十首》,第20—24页;《青州求晴祭文》,第37页;第7册《贺九龙庙祈雪有应》,第13—14页;第8册《祭东岳文》,第86—87页。
5	《欧阳永叔集》第5册《礼部唱和诗序》,第70页;第12册《论澧州瑞木乞不宣示外廷札子》,第65—66页;《论罢修奉先寺等状》第117—118页(《续资治通鉴长编》卷145,第20—21页)。
6	此处及下面的引文,见《欧阳永叔集》第6册《祭文二十首》,第20—24页;第8册《祭东岳文》,第86—87页。
7	《欧阳永叔集》第13册《论水灾疏》,第1—6页;第14册《又三事》,第24页。
8	《欧阳永叔集》第14册《物有常理说》,第124页。
9	《欧阳永叔集》第2册《感事四首》,第55—56页;第1册《仙草》,第2页;第2册《庐山高赠同年刘中允归南康》,第16页。
10	《欧阳永叔集》第8册《删正黄庭经序》,第31—32页。
11	《欧阳永叔集》第5册《御书阁记》,第29页。
12	K. Ch'en (1964), 213, 258-296.
13	《欧阳永叔集》第5册《御书阁记》,第29页。
14	《欧阳永叔集》第4册《尚书工部郎中欧阳公墓志铭》,第37页。
15	《欧阳永叔集》第4册《尚书兵部员外郎知制诰谢公墓志铭》,第4页;《资政殿大学士尚书左丞赠吏部尚书正肃吴公墓志铭》,第67页。
16	《欧阳永叔集》第1册《送张洞推官赴永兴经略司》,第13页;第3册《本论下》,第20—21页;第4册《端明殿学士蔡公墓志铭》,第93页;第7册《原弊》,第63页;第

8册《河南府重修净垢院记》，第2页；《湘潭县修药师院佛殿记》，第12—13页（《范文正公集》卷8，第8—9页）。

17　《欧阳永叔集》第4册《尚书都官员外郎欧阳公墓志铭》，第12—14页；《随州志》卷21，第35页。

18　《梦溪笔谈校证》卷1，第418—419页，item 205；L. S. Yang (1957)。

19　《欧阳永叔集》第5册《尚书户部侍郎赠兵部尚书蔡公行状》，第22页；第14册《内降补僧官》，第22页；第18册《事迹》，第70页；《续资治通鉴长编》卷106，第14页。

20　Nivison (1959),5-9, de Bary et al. (1960),438-445.

21　《避暑录话》卷2，第19页（参阅《欧阳永叔集》第1册《读张李二生文赠石先生》，第14页；第4册《徂徕石先生墓志铭》，第83页）

22　De Bary et al.(1960)，441—442（《扪虱新话》卷11，第3页）。

23　De Bary et al. (1960),442.

24　De Bary et al. (1960)，445；《欧阳永叔集》第3册《本论上》，第18—20页；《宋史》卷319《欧阳修传》；《朱子语类》卷126《释氏》，第25—34页；《扪虱新话》卷11，第3页。

25　《欧阳永叔集》第3册《本论下》，第20—21页。

26　《宋人轶事汇编》卷8，第351页；《鹤林玉露》卷1，第8页；《避暑录话》卷1，第6页；《吴文正公集》卷26《西阳宫记》，第2—4页；《欧阳文忠公年谱》，第43—44页；《宋人轶事汇编》卷8，第358—359页。

27　《欧阳永叔集》第5册《韵总序》，第56页；第18册《事迹》，第72—74页。

28　《欧阳永叔集》第1册《哭曼卿》，第10页；第3册《石曼卿墓表》，第84页；第14册《诗话》，第112页；第14册《九僧诗》，第131页；《增订欧阳文忠公年谱》，第12页。

29　《欧阳永叔集》第5册《释秘演诗集序》，第48—49页，参阅Birch (1965)，366。

30　《欧阳永叔集》第5册《释惟俨文集序》，第49—50页。

31　《欧阳永叔集》第1册《送张洞推官赴永兴经略司》，第13页；第2册《酬学诗僧惟晤》，第2页；第3册《答吴充秀才书》，第6页（《经进东坡文集事略》卷56《钱塘勤上人诗集叙》，第912—913页）；第7册《赠庐山僧居讷》，第24页。

32　《欧阳永叔集》第5册《画舫斋记》，第30页；第8册《回丁判官书》，第64页；第14册《于役志》，第74—75页。

33 《欧阳永叔集》第5册《仲氏文集序》，第75页；第5册《送张唐民归青州序》，第60—61页；第9册《夫子罕见利命仁论》，第39—40页。
34 《欧阳永叔集》第6册《祭尹子渐文》，第26页。
35 《欧阳永叔集》第2册《哭圣俞》，第48页。
36 《欧阳永叔集》第3册《泷冈阡表》，第100—101页；第4册《尚书比部员外郎陈君墓志铭》，第44页；第14册《归田录》，第81页；《东坡志林》卷3，第8页。
37 《欧阳永叔集》第3册《泷冈阡表》，第101页；第3册《尚书户部郎中赠右谏议大夫曾公神道碑》，第57页；第8册《孙氏碑阴记》，第16页。
38 《欧阳永叔集》第4册《江宁府句容县令赠尚书兵部员外郎王公墓志铭》，第15页。
39 《欧阳永叔集》第4册《薛质夫墓志铭》，第23页；第6册《祭薛质夫文》，第25页。
40 《欧阳永叔集》第4册《薛质夫墓志铭》，第24页。
41 《欧阳永叔集》第5册《送徐无党南归序》，第66页。
42 S. Hu (1921),4:105-118.
43 《邵氏闻见录》卷18，第7页。《青箱杂记》卷10，第4页。《宋稗类钞》卷6，第3页。《避暑录话》卷1，第7页；卷2，第17页。《宋人轶事汇编》卷8，第359—360页。《佛祖统纪》卷49，第364页、第474页。《释氏稽古略》卷49，第869—872页。
44 《老学庵笔记》卷6，第1页；《欧阳永叔集》第18册《游嵩山寄梅殿丞书》，第72—74页；《邵氏闻见录》卷16，第2页；《涑水记闻》卷10，第7页。
45 《栾城集》卷24《逍遥聪禅师塔碑》，第8页。
46 《避暑录话》卷1，第6页；《宋人轶事汇编》卷8，第359—360页。
47 《渑水燕谈录》卷7，第7页；卷10，第2页；《宋人轶事汇编》卷8，第257页。
48 《杨龟山集》卷3《与陆思仲》，第53—55页。
49 K. Ch'en (1964), 395; de Bary et al. (1960), 525-581; Fung (1948), 294-318.
50 For favorable comment on Ou-yang, 见《嘉祐集》卷11《上欧阳内翰第二书》，第3页；《欧阳永叔集》苏轼序；Takeuchi (1934), 15。朱熹本人的评论，见《朱子文集》卷22《读唐志》，第447页。朱熹对欧阳修的批评，见《朱子语类》卷126《释氏》，第31—32页；卷137《战国汉唐诸子》，第25页。
51 《朱子语类》卷126《释氏》，第34页。

TWELVE

EPILOGUE

第十二章

尾声

中国道家哲学认为,过旺的声誉会掩盖真相。不知是出于机缘巧合还是矛盾讽刺,这一观点完全适用于欧阳修。欧阳修在历史上赫赫有名,被视为榜样,有谁会怀疑这样的人物竟会被低估或误解呢?

但实际上,欧阳修被低估是很自然的。他在很多领域颇有建树,虽然每个领域对他均有评述(即使大部分都是积极肯定,还有些甚至赞赏有加),但这些评述视野有限,难以还原欧阳修的全貌。单独在某个领域,欧阳修未必能胜过同时代的人。但作为先锋,他影响并帮助了其他人才,有时甚至作为伯乐发现了他们的才华。在政治史叙述中,欧阳修被范仲淹与王安石超越。但这样的评述忽略了欧阳修对这两人巨大的影响,更不要说他在整个仕宦生涯中还对其他许多人产生过影响。欧阳修不仅为庆历新政打下基础,还在这一改革面临失败时积极为其奔走发声。欧阳修发现并提携了王安石等人,他还举荐了其他许多才俊,其中一些人最终走上了反对王安石改革政治立场的道路。[1]实际上,欧阳修从未停止寻找具有才学堪为栋梁的年轻人,欧阳修也从未批判过后来与他产生分歧的门生,他只说是自己的错,而非门生的错。[2]欧阳修自信而充满生机,他觉得无需他人感恩。

很多思想史的记述一直都有误导,在某些方面过誉欧阳修,在一些方面又贬低了他。标准的思想史认为欧阳修是儒家学派分支庐陵学派的创始人,这一学派以欧阳修家乡庐陵命名。[3]但实际上,除曾巩外欧阳修并无太多其他门人弟子,甚至连曾巩与其他几人也不自认为是庐陵学派成员。这一标签只不过反映出后世新儒家视野狭窄,他们坚持将每个人归入流派。他们这样做完全忽略了欧阳修的伟大之处,他对所有不同学派都有普遍的影响。对欧阳修的贬低始于朱熹及其理学,其对自己的学术前辈——少数几个哲学家不吝赞扬,这几个哲学家擅长形而上学与相关道德说教,诸如程颢与程颐。理学学派尊欧阳修为新儒学先锋,但却在一些领域不认可他,因此并不承认他的卓越。在理学确立了正统地位后,其立场对历史评估产生了很大影响。的确,欧阳修并非哲学家,但这并不意味着他不是伟大的儒学家。[4]

欧阳修有两篇名文为其赢得了巨大的声誉。《本论》称礼义是认识道德理念与纯粹的儒学社会的唯一途径,《本论》为欧阳修赢得了新儒学倡导者的美誉。但实际上,宗教并未因为《本论》一文被削弱力量,这一点被忽略了。并且,欧阳修家中不少人笃信佛教,这一点也鲜少被提到。欧阳修的另一篇文章《朋党论》被认为是对政治思想的原创性贡献。但欧阳修是在何种情况下为朋党合理性雄辩这一事实,却被一带而过。

如果按具体领域评判欧阳修的成就,文学无疑是重头戏。欧阳修的文学作品穿越时空的魅力不言而喻。从历史上看，他对文学影响最大的领域是散文。用短短二十年时间，欧阳修就通过努力确立了古文的统治地位，直至今日他仍被尊为文学大师。在欧阳修的培养下，一些门生也达到了他的高度。接下来便是他在历史研究方面的成就。除了在考古学与宗谱学这些专业领域的贡献，欧阳修还发明了编撰历史的新方法。这一方法严格通过新儒学观点来阐释历史，且坚持使用古文写作，这也引来了一些批判的声音。欧阳修的经学研究，为儒学思想的振兴与进一步发展做出了重要理论贡献，这些贡献实际上也属于历史研究的范畴，共同形成了欧阳修第三类思想成就。欧阳修在这一领域的影响唤起并激励了后世学者，使他们在学术上达到新高度，取得比欧阳修本人更伟大的成就。被后来人超越对于先锋一代来说是很常见的事。最后，欧阳修通过执政经验与细致观察得出的行政理论是值得被关注的成就之一，只是他未能将这些理论从宽泛的观点细化到具体的办法，这是受环境局限不可避免的结果。绝大多数新儒家在这方面都没有达到欧阳修的高度，因为与行政治理问题相比，他们更为重视经学、哲学、文学与历史。

欧阳修的性格更适于做一个纯粹的学者，而不是一个身居高位的官员。他最大的成就在文学，这证明他具有更偏向艺术的才华，而不是倾向实用的政治能力。欧阳修的卓越在私人生活与工作中均有体现，只不过通过一种令人震惊的相反的方式。欧阳修不涉及政治的文章留下许多名篇。在生活中，他很适合相伴，与他交谈是一件令人愉快的事。但一旦涉及政务，欧阳修似乎言辞过于犀利而非能言善辩，他尖锐有力、毫不妥协，并不是一位容易共事的同僚。欧阳修更愿意赢得所有争辩，而不愿妥协。他经常陷入争论，这在政治上时常会带来麻烦。人们可能会认为，像欧阳修这样能言善辩且拥有政敌的天才，在政治上是不会有持久的发展的。[5]欧阳修是经过多年在政治、文学与学术上积累了较高声望才得以在政坛持久为官。

欧阳修的仕途在很大程度上体现了宋朝政治的复杂性。在这一时期，士大夫阶层受到了更好的教育，获得了更高的声望。充满活力与热情的士大夫阶层在意识形态上的权威达到了前所未有的高度，因此他们要求分享更大的国家权力。他们的呼声日渐高涨，但如何满足这些需求则面临很多困难。一方面，他们对常规不满；另一方面，他们又彼此相厌。他们的很多主张与反对意见都在彼此相互争斗中失去了意义。另外，专制主义与派系斗争毫无疑问使困境雪上加霜。士大夫们虽然提出了政治思想，但却不够深入充分，没能改变机构框架，也没能使这些思想形成有组织的框架，为士大夫阶层不断增长的权力服务。此外，虽然有很多优秀的学者被选为官员，但学术能力出色未必就能成为优秀的官员。让政府这部机器良好运行并非易事。

新儒学士大夫们蹒跚前进。他们虽然奋发上进，但彼此间的争斗也颇为惨烈。他们为共同的事业奋斗，也相互争吵不休。在先锋前辈的带领下，他们以令人惊叹的气势前进。在政治上遭受困扰与权力削弱的他们，开辟了新的战场：社会重建、自我砥砺，而最重要的就是哲学探索。他们最不缺乏的就是无尽的活力。

说到活力，欧阳修作为先锋可谓生龙活虎。多才多艺使他在同辈人中出类拔萃。欧阳修成就领域之多令人惊叹，这使他成为那个时代最珍贵的产物。欧阳修拥有酷爱钻研的头脑和不安的灵魂，在新的方向与领域不断探索，这正是新儒家早期精神的体现。在事业上，从黎明到耀眼的正午，再从正午到金色黄昏，欧阳修始终在宋代的思想天空闪耀着，虽偶尔被云翳遮蔽，但一直是最耀眼的天才。[6]

1　《避暑录话》卷2，第14—15页。
2　《经进东坡文集事略》卷56《钱塘勤上人诗集叙》，第912—913页。
3　《宋元学案》卷4《庐陵学案》，第44—81页。
4　《宋史》卷319《欧阳修传》《元丰类稿》卷51《梁书目录序》，第2—4页；卷51《基志》，第2页；《朱子语类》卷126《释氏》，第25—34页。
5　参阅《习学记言》卷39，第14页。
6　《欧阳永叔集》第18册《重修实录本传》，第39页。

BIBLIOGRAPHY

参考文献

原始史料（中文）

《滁州志》(1879)

李觏《直讲李先生集》(四部丛刊)

苏轼《经进东坡文集事略》(1957)

晁公武《郡斋读书志》(四部丛刊)

赵汝愚《国朝诸臣奏议》(明刊)

高晦叟《珍席放谈》(丛书集成)

吴处厚《青箱杂记》(涵芬楼)

（正谊堂本）

周辉《清波杂志》(稗海)

王得臣《麈史》(涵芬楼)

岳珂《桯史》(稗海)

陈仁锡《经世八编类集》(1626)

钱世昭《钱氏私志》(学海类编)

王昶《金石粹编》(清刊)

朱熹《朱子全书》(1713)

何薳《春渚纪闻》(涵芬楼)

（昭代丛书）

朱熹《朱子文集》(丛书集成)

朱熹《朱子语类》(1876)

周密《齐东野语》(涵芬楼)

朱弁《曲洧旧闻》(丛书集成)

李心传《旧闻证误》(榕园丛书)

苏洵《嘉祐集》(四部丛刊)

程颢、程颐《二程文集》(正谊堂)

范纯仁《范忠宣公集》(1910)

袁褧《枫窗小牍》(稗海)

元怀(辗然子)《附掌录》(说郛)

志磐《佛祖统纪》(《大正藏》卷49)

范仲淹《范文正公集》(1901)

王禹偁《小畜集》(丛书集成)

王明清《挥麈后录》(四部丛刊)

赵德麟《侯鲭录》(稗海)

杨希闵《韩忠献公年谱》(1879)

李焘《续资治通鉴长编》(1881又1962辑《永乐大典》本)

杨仲良《通鉴长编纪事本末》(涵芬楼)

秦观《淮海集》(四部丛刊)

叶适《习学纪言》(1885)

(学海类编)

罗大经《鹤林玉露》(涵芬楼)

尹洙《河南文集》(四部丛刊)

柳开《河东先生集》(四部丛刊)

李元纲《厚德录》(稗海)

韩琦《韩魏公集》(丛书集成)

欧阳修《新五代史》(四部备要)

王珪《华阳集》(武英殿聚珍全书)

赵葵《行营杂录》(历代小史)

宜昌府志 (1866)

宜昌县志 (1931)

洪迈《容斋随笔》(四部丛刊)

田况《儒林公义》(稗海)

(国学基本丛书)

王应麟《困学纪闻》(国学基本丛书)

张耒《柯山集》(丛书集成)

刘敞《公是集》(武英殿聚珍全书)

杨时《龟山先生语录》(四部丛刊)

范公偁《过庭录》(稗海)

(广雅丛书)

张方平《乐全集》(四库珍本)

苏辙《栾城集》(四部丛刊)

苏籀《栾城先生遗言》

(丛书集成)

费衮《梁谿漫志》(涵芬楼)

苏辙《龙川别志》(涵芬楼)

陆游《老学庵笔记》(涵芬楼)

《庐陵县志》(1920)

(历代小史)

王銍《默记》(涵芬楼)

张邦基《墨庄漫录》(稗海)

朱熹《名臣言行录》(1661)

（墨海金壶）

沈括《梦溪笔谈》(稗海)

沈括《梦溪笔谈校证》(1955)

彭乘《墨客挥犀》(稗海)

王辟之《渑水燕谈录》(涵芬楼)

穆修《穆参军集》(四部丛刊)

陈善《扪虱新话》(涵芬楼)

《南窗纪谈》(墨海金壶)

吴曾《能改斋漫录》(丛书集成)

胡柯《庐陵欧阳文忠公年谱》(欧阳永叔集)

华孳亨《增订欧阳文忠公年谱》(昭代丛书)

杨希闵《欧阳文忠公年谱》(1879)

欧阳修《欧阳永叔集》(国学基本丛书)

（稗海）

包拯《孝肃包公奏议》(粤雅堂丛书)

陈长方《步里客谈》(墨海金壶)

叶梦得《避暑录话》(涵芬楼)

《随州志》(1869)

（说郛）

叶适《水心集》(四部备要)

苏舜钦《苏学士集》(四部丛刊)

《宋会要辑稿》(崇儒、职官、选举) (1936)

参考文献

丁传靖《宋人轶事汇编》(1935)

（四库珍本）

叶梦得《石林燕语》(稗海)

潘永因《宋裨类钞》(1669)

（四部备要）

（四部丛刊）

脱脱等《宋史》

觉岸《释氏稽古略》(《大正藏》卷49)

司马光《涑水记闻》(涵芬楼)

柯维祺《宋史新编》(1557)

冯琦《宋史纪事本末》(万有文库)

邵博《邵氏闻见后录》(涵芬楼)

邵伯温《邵氏闻见录》(涵芬楼)

苏金源、李春圃《宋代三次农民起义史料汇编》(1963)

吕祖谦《宋文鉴》(四部丛刊)

黄宗羲(等)《宋元学案》(万有文库)

范镇《东斋记事》(墨海金壶)

蔡襄《蔡忠惠公文集》(1734)

曾慥《东斋漫录》(墨海金壶)

张惠言《词选》(四部备要)

魏泰《东轩笔录》(稗海)

王焕镳《曾南丰先生年谱》(1943)

杨希闵《曾文定公年谱》(1879)

石介《徂徕集》(1884)

苏轼《东坡志林》(涵芬楼)

(丛书集成)

晁说之《晁氏客语》(丛书集成)

王称《东都事略》(1883)

龚鼎臣《东原录》(涵芬楼)

蔡上翔《王荆公年谱考略》(1930或1958)

马端临《文献通考》(万有文库)

司马光《温国文正公集》(四部丛刊)

王安石《王临川集》(万有文库)

梅尧臣《宛陵先生集》(四部丛刊)

吴澄《吴文正公集》(1756)

(武英殿聚珍全书)

(万有文库)

《颍州府志》(1752)

王明清《玉照新志》(涵芬楼)

曾巩《元丰类稿》(四部丛刊)

杨时《杨龟山集》(丛书集成)

(粤雅堂丛书)

(榕园丛书)

二手史料：中日文论著

[日]**青山定雄**(1951)：《五代宋に於ける江西の新興官僚》，《和田博士还历纪念东洋史论丛》，19—37。

赵铁寒(1953)：《宋代州学》，《大陆杂志》1：305—309，341—343。

岑仲勉(1946)：《元和姓纂四校记》，"中研院"历史语言研究所专刊29号。

陈子展(1945)：《宋代文学史》。

陈元晖(1957)：《范缜的无神论思想》。

程光裕(1964)：《北宋台谏之争与濮议》，《宋史研究集》2：213—234。

钱穆(1947)：《国史大纲》。

钱穆(1952)：《中国历代政治得失》。

钱穆(1953)：《宋明理学概述》。

钱穆(1957)：《杂论唐代古文运动》，《新亚学报》3：1：123—168。

钱穆(1959)：《读〈诗经〉》，《新亚学报》5：1：1—48。

钱大昕：《十驾斋养新录》(国学基本丛书)。

金中枢(1963)：《宋代古文运动及发展研究》，《新亚学报》5：2：80—95。

金中枢(1964)：《北宋科举制度研究》，《新亚学报》6：1：211—281，6：2：165—242。

金毓黻(1957)：《中国史学史》。

夏君虞(1937)：《宋学概要》。

萧公权(1946)：《中国政治思想史》。

薛砺若(1955)：《宋词通论》。

胡适(1921)：《胡适文存》。

胡云翼(1930):《宋诗研究》。

黄公渚(1958):《欧阳修词选评》。

Japanese Commitee(1961)日本宋史提要编纂协力委员会:《宋代研究文献提要》。

柯昌颐(1936):《王安石评传》。

柯敦伯(1934):《宋文学史》。

郭绍虞(1934):《中国文学批评史》。

梁启超(1920):《王荆公传》。

梁崑(1938):《宋诗派别论》。

柳诒徵(1948):《国史要义》。

刘子健(1958):《梅尧臣碧云騢与庆历政争中的士风》,《大陆杂志》17:341—346。

刘子健(1960):《王安石、曾布与北宋晚期官僚的类型》,《清华学报》2:1:109—129。

刘子健(1961):《儒家国家的双重性格》,《东方学》20:119—125。

刘子健(1963):《欧阳修的治学与从政》。

刘师培(1934):《汉宋学术异同论》,《刘申叔遗书》卷15。

吕思勉(1931):《宋代文学》。

马宗霍(1936):《中国经学史》。

牧野巽(1949):《近世中国宗族研究》。

[日]宫崎市定(1953):《宋代の士风》,《史学杂志》62:139—169。

[日]诸桥辙次(1926):《儒学史に於ける李泰伯の特殊地位》,《斯文》8:445—467。

[日]诸桥辙次(1948):《儒教の诸问题》。

牟润孙(1952):《两宋春秋学的主流》,《大陆杂志》5:113—117。

聂崇岐(1939):《宋词科考》,《燕京学报》225:107—152。

[日]西顺三(1951):《三人の北宋士大夫思想》,《一桥论丛》26:30—52。

潘光旦(1933):《中国家谱学略史》,《东方杂志》26:1:107—120。

皮锡瑞(清):《经学通论》(四部丛刊)。

皮锡瑞(清):《经学历史》。

佐伯富(1954):《中国随笔索引》。

佐伯富(1960):《中国随笔杂著索引》。

[日]清水盛光(1942):《支那家族の构造》。

[日]清水茂(1961):《北宋名人の姻戚关系》,《东洋史研究》20:3:59—69。

周藤吉之(1950):《宋代官僚制と大土地所有》。

孙克宽(1953):《元初儒学》。

孙克宽(1965):《宋元道教之发展》。

武内义雄(1934):《宋学の由来及び其特殊性》,《东洋思潮》11:1—50。

[日]田中谦二(1953):《欧阳修の词について》,《东方学》7:50—62。

邓广铭(1943):《宋史职官志考正》,《"中研院"历史语言研究所集刊》10:433—593。

[日]外山军治(1950):《靖康の变に於ける新旧两党の势力关系》,《羽田博士还历纪念东洋史论丛》, 663—688。

宇野精一(1942):《周礼の实施について》,《东方学》13:83—108。

王夫之(清):《宋论》(四部备要)。

王鸣盛(清):《十七史商榷》(广雅丛书)。

文崇一(1965):《评欧阳修的治学和从政》,《思与言》13:511—513。

杨殿珣(1941):《中国家谱通论》,《图书季刊》3:52:9—35;4:3—4:17—35。

二手史料

Aoyama (1951). Aoyama Sadao, "Godai So ni okeru Kosei no shinko kanryo," in *Wada Hakushi kanreki kinen Tōyōshi ronsō*, 19-37.

Balazs (1964). Etienne Balazs, *Chinese Civilization and Bureacracy: Variations on a Theme* (New Haven, Conn.).

Beasley and Pulleyblank (1961). W. G. Beasley and E. G. Pulleyblank, eds., *Historians of China and Japan* (London).

Birch (1965). Cyril Birch, *Anthology of Chinese Literature from Early Times to the Fourteenth Century* (New York).

Buriks (1956). Peter Buriks, "Fan Chung-yen's Versuch einer Reform des chinesischen Beamtanstaates in den Jahren 1043-1044," *Oriens Extremes*, 3:57-90, 153-184.

T. H. Chao (1953). Chao T'ieh-han, "Sung-tai chou-hsüeh," *Ta-lu*,7 : 305-309, 341-343.

C. M. Ch'en (1946). Ch'en Chung-mien, "Yüan-ho hsing tsuan ssu chiao chi" (*Academia Sinica Special Bulletin*, No. 29).

K. Ch'en (1964). Kenneth Ch'en, *Buddhism in China: A Historical Survey* (Princeton, N.J.).

T. C. Ch'en (1945). Ch'en Tzu-chan, *Sung-tai wen-hsüeh shih*.

Y. H. Ch'en (1957). Ch'en Yüan-hui, *Fan Chen ti wu-shen-lun ssu-hsiang*.

K. Y. Ch'eng (1964). Ch'eng Kuang-yü, "Pei-Sung t'ai chieh chih cheng yü P'u-yi," in *Sung-shih yen-chiu chi*, 2:213-234.

C. T. Chi (1936). Chi Ch'ao-ting, *Key Economic Areas in Chinese History*

(London).

M. Ch'ien (1947). Ch'ien Mu, *Kuo-shih ta-kang*, 2 vols.

M. Ch'ien (1952). , *Chung-kuo li-tai cheng-chih te-shih*.

M. Ch'ien (1953). , *Sung Ming li-hsüeh kai-shu*, 2 vols.

M. Ch'ien (1957). , "Tsa-lun T'ang-tai ku-wen yun-tung," *Hsin-ya hsüeh-pao*, 3:1:123-168.

M. Ch'ien (1959). , "Tu Shih-ching," *Hsin-ya hsüeh-pao*,5:1:1-48.

T. H. Ch'ien (Ch'ing). Ch'ien Ta-hsin, *Shih-chia-chai yang hsin lu*(KHCPTS).

C. S. Chin (1963). Chin Chung-shu, "Sung-tai ku-wen yun-tung chih fa-chan yen-chiu," *Hsin-ya hsüeh pao*, 5:2:80-95.

C. S. Chin (1964). , "Pei-Sung ko-chü chih-tu yen chiu," *Hsin-ya hsüeh-pao*, 6:1:211-281,6:2:165-242.

Y. F. Ch'in (1957). Chin Yii-fu, *Chung-kuo shih-hsüeh shih* (reprint).

Chin. Lit. (1961). *Chinese Literature Monthly*, 10 (Peking, Oct.1961).

De Bary (1953). Wm. Theodore de Bary, "A Reappraisal of Neo-Confucianism," in Wright (1953), 81-111.

De Bary (1959). , "Some Common Tendencies in Neo-Confucianism," in Nivison and Wright (1959),25-49.

De Bary et al. (i960)., Wing-tsit Chan, Burton Watsonet al., comps., *Sources of Chinese Tradition* (New York).

Davidson (1952). Martha Davidson, *A List of Published Translations from Chinese into English, French, and German Literature*(Washington).

Davidson (1957)., *A List of Published Translations from Chinese into*

English, French, and German Poetry (Washington).

Demiéville (1961). P. Demiéville, "Chang Hsüeh-ch'eng and His Historiography," in Beasley and Pulleyblank (1961),167-185.

Eisenstadt (1963). S. N. Eisenstadt, *The Political Systems of Empires:The Rise and Fall of the Bureaucratic Societies* (New York).

Fairbank (1957). John K. Fairbank, ed., *Chinese Thought and Institutions* (Chicago).

Fischer (1955). "Fan Chung-yen (989-1052): Das Lebensbild eines chinesischen Staatsmannes," *Oriens Extremes*, 2:74-85.

Franke (1961). Herbert Franke, "Some Aspects of Chinese Private Historiography in the 13th and 14th Centuries," in Beasley and Pulleyblank (1961),115-127.

Fung (1948). Fung Yu-lan, *A Short History of Chinese Philosophy*, trans. Derk Bodde (New York).

Gardner (1961).Charles S.Gardner, *Chinese Traditional Historiography* (Cambridge, Mass.), rev. ed.

Gernet (1962). Jacques Gernet, *Daily Life in China on the Eve of the Mongol Invasion,1250-1276* (New York).

Hightower (1962). James Robert Hightower, *Topics in Chinese Literature* (Cambridge, Mass.), rev. ed.

P. T. Ho (1956). Ping-ti Ho, "Early Ripening Rice in Chinese History," *Economic History Review*, 9:200-218.

P. T. Ho (1962)., *The Ladder of Success in Imperial China:Aspects of Social Mobility* (New York).

C. Y. Hsia (1937). Hsia Chiin-yü, *Sung-hsiieh kai-yao*.

K. C. Hsiao (1946). Hsiao Kung-ch'iian, *Chung-kuo cheng-chih ssuhsiang shih*, 2 vols.

I. C. Y. Hsu (1959). Immanuel C. Y. Hsu, trans. *Intellectual Trends in the Ch'ing Period* (Cambridge, Mass.).

L.J. Hsiieh (1955). Hsiieh Li-jo. *Sung tz'u t'ung-lun*.

S. Hu (1921). Hu Shih, *Hu Shih wen-ts'un*.

Y. I. Hu (1930). Hu Yün-i, *Sung-shih yen-chiu*.

K. C. Huang (1958). Huang Kung-chu, comp., *Ou-yang Hsiu tz'uhsiian p'ing*.

Japanese Committee (1961). Japanese Committee for the Sung Project(Nihon Sōshi Teiyō Kyōryōku linkai), *Sōdai kenkyū bunken teiyō*.

C. I. K'o (1936). K'o Ch'ang-i, *Wang An-shih p'ing chuan*.

T. P. K'o (1934). K'o Tun-po, *Sung wen-hsiieh shih*.

Kracke (1953). E. A. Kracke, Jr., *Civil Service in Early Sung China, 960-1067*(Cambridge, Mass.).

Kracke (1955). , "Sung Society: Change Within Tradition," *Far Eastern Quarterly*, XIV, No. 4, 479-488.

S. Y. Kuo (1934). Kuo Shao-yü, *Chung-kuo wen-hsiieh pi-p'ing shih*.

C. C. Liang (1920). Liang Ch'i-ch'ao, *Wang Ching-kung chuan*.

K. Liang (1938). Liang K'un, *Sung-shih p'ai-pieh lun*.

Y. T. Lin (1947). Lin Yutang, *The Gay Genius: The Life and Times of Su Tungpo* (New York).

H. C. W. Liu (1959). Hui-chen Wang Liu, *The Traditional Chinese Clan Rules*

(Association for Asian Studies monograph studies).

H. C. W. Liu (1959a)., "An Analysis of Chinese Clan Rules," in Nivison and Wright (1959), 63-96.

I. C. Liu (1948). Liu I-cheng, *Kuo-shih yao-i*.

J. Liu (1957). James T. C. Liu, "An Early Sung Reformer: Fan Chung-yen," in Fairbank (1957),105-131.

J. Liu (1958).(as Liu Tzu-chien), "Mei Yao-chen, Pi-yiin-hsia,Ch'eng-li cheng-cheng chung ti shih-feng," *Ta-lu*,17:341-346.

J. Liu(1959)., *Reforms in Sung China: Wang An-shih (1021—1086) and his New Policies* (Cambridge, Mass.).

J. Liu (1959a)., "Some Classifications of Bureaucrats in Chinese Historiography," in Nivison and Wright (1959), 165-181.

J. Liu (1960)., "Wang An-shih, Tseng-pu, yü Pei-Sung wan-ch'i kuan-liao ti lei-hsing," *Tsinghua hsüeh-pao, new series*, 2:1:109-129.

J. Liu (1961).(as Ryu Shi-ken), *"Jūkyō kok'a no sōjū seisaku," Tōhōgaku*, 20:119-125.

J. Liu (1962)., "An Administrative Cycle in Chinese History," *Journal of Asian Studies*, XXI, No.137-151.

J. Liu(1963)., *Ou-yang Hsiu ti chih-hsiieh yü ts'ung-cheng*(Hong Kong).

J. Liu (1963a)., a review of Wright and Twitchett (1962), in *American Historical Review*, 144-145.

J. Liu (1964)., "The Neo-Traditional Period (ca. a.d. 800—1900) in Chinese History," *Journal of Asian Studies*, XXIV, No. 1,105-107.

J. J. Y. Liu(1963). James J. Y. Liu, *The Art of Chinese Poetry* (New York).

S. P. Liu (1934). Liu Shih-p'ei, "Han Sung hsueh-shu i-t'ung lun," in *Liu Shen-shu i-shu* (1934-1938), vol. 15.

Locke (1951). Marjorie A. Locke, "The Early Life of Ou-yang Hsiu and His Relation to the Rise of the *Ku-Wen* Movement of the Sung Period" (University of London, unpublished Ph.D. dissertation).

S. M. Lii (1931). Lii Ssu-mien, *Sung-tai wen-hsüeh*.

T. H. Ma (1936). Ma Tsung-ho, *Chung-kuo ching-hsueh shih*.

Makino (1949). Makino Tatsumi, *Kinsei Chugoku sozoku kenkyū*.

Menzel (1963). Johanna M. Menzel, ed., *The Chinese Civil Service:Career Open to Talents*? (Boston).

Miyazaki (1953). Miyazaki Sadao, "Sodai no shifu," *Shigaku zasshi*, 62:139-169.

Morohashi (1926). Morohashi Tetsuji, "Jūgakushi jo ni okeru Li T'ai-p'o (or Li Kou) no tokushu chū," *Shibun*, 8:445-467.

Morohashi (1948). , *Jukyo no sho-mondai*.

J. S. Mou(1952). Mou Jun-sun, "Liang Sung *Ch'un-ch'iu* hsüeh ti chu-liu," *Ta-lu*, 5:113-117, 170-172.

Needham (1956). Joseph Needham, *Science and Civilization in China*,vol. 2 (Cambridge).

C. C. Nieh (1939). Nieh Ch'ung-ch'i, "Sung tz'u-k'o k'ao," *Yenching hsiieh-pao*, 25:107-152.

Nishi (1951). Nishi Junzo, "Sanin no Hoku-S6 shidafu shiso," *Hitotsubashi ronso*, 26:30-52.

Nivison (1959). David S. Nivison, Introduction to Nivison and Wright (1959),

3-24.

Nivison (1959a)., "Ho-shen and His Accusers: Ideology and Political Behavior in the Eighteenth Century," in *ibid*., 209-243.

Nivison (1960)., "Protest Against Conventions and Conventions of Protest," in Wright (1960),177-201.

Nivison (1966)., *The Life and Thought of Chang Hsüeh-ch'eng* (1738-1801) (Stanford, Calif.).

Nivison and Wright (1959).and Arthur F. Wright, *Confucianism in Action* (Stanford, Calif.).

K. T. Pan (1933). Pan Kuang-tan, "Chung-kuo chia-p'u hsüeh-lüeh-shih," *Tung-fang tsa-chih*, 26:1:107-120.

H. J. P'i (Ch'ing). P'i Hsi-jui, *Ching-hsueh t'ung-lun* (SPTK).

H. J. P'i (1923)., *Ching-hsueh li-shih*.

Pulleyblank (1959). Edwin G. Pulleyblank, "Liu K'o, a Forgotten Rival of Han Yii," *Asia major*, 7:145-160.

Pulleyblank (1960). , "Neo-Confucianism and Neo-Legalism," in Wright (1960), 77-114.

Pulleyblank (1961)., "Chinese Historical Criticism: Liu Chih-chi and Ssu-ma Kuang," in Beasley and Pulleyblank (1961), 135-166.

Reischauer and Fairbank (1960). Edwin O. Reischauer and John K.Fairbank, *East Asia: The Great Tradition* (Boston).

Rexroth (1955). Kenneth Rexroth, *One Hundred Poems from the Chinese* (New York).

Rudolph (1963). Richard C. Rudolph, "Preliminary Notes on Sung

Archaeology," *Journal of Asian Studies*, XXII, No. 2,169-177.

Saeki (1954). Saeki Tomi, Chugoku zuihitsu sakuin.Saeki (1960)., *Chūgoku zuihitsu zassho sakuin*.

M. Shimizu (1942). Shimizu Morimitsu, *Shina kazoku no kozo*.

S. Shimizu (1961). Shimizu Shige, "Inter-Marriages Between Eminent Families in the Northern Sung Period," *Tōyōshi kenkyū*, 20:3:59-69.

Sudo (1950). Sudo Yoshiyuki, *Sōdai kenryosei to dai tochi shoyū*.

K. K. Sun (1953). Sun Ke-k'uan, *Yüan ch'u ju-hsüeh*.

K. K. Sun (1965)., *Sung Yüan tao-chiao chih fa-chan*.

Takeuchi (1934). Takeuchi Yoshio, "Sogaku no yurai oyobi sono toku-shusei," *Toyd shicho*,11:1-50.

Tanaka (1953)- Tanaka Kenji, "Ou-yang Hsiu no shi ni tsuite," *Tōhōgaku*, 7:50-62.

K. M. Teng (1943). Teng Kuang-ming, *"Sung-shih chih-kuan-chih-k'ao-cheng,"Bulletin, Institute of History and Philology, Academia Sinica*, 10:433-593.

Teng and Biggerstaff (1950). Ssu-yü Teng and Knight Biggerstaff, *An Annotated Bibliography of Selected Chinese Reference Works* (Cambridge, Mass.), rev. ed.

Toyama (1950). Toyama Gunji, "Seiko no hen ni okeru shin kyu ryoto no seiryoku kankei," *Haneda Hakushi kanreki kinen Toydshironso*, 663-688.

Twitchett (1961). Denis Twitchett, "Chinese Biographical Writing," in Beasley and Pulleyblank (1961),95-114.

Twitchett (1962).,"Problems of Chinese Biography," in Wright and Twitchett

(1962), 24-42.

Uno (1942). Uno Seichi, "Shurei no jisshi nitsuite," *Tōhō gakuhō*,13:83-108.

Waley (1925). Arthur Waley, *The Temple and Other Poems* (London).

F. C. Wang (Ch'ing). Wang Fu-chih, *Sung lun* (SPPY).

G. W. Wang (1958). Wang Gung-wu, "The *Chiu Wu-tai* Shih and History-Writing During the Five Dynasties," *Asia Major* 6:1:1-22.

G. W. Wang (1962). , "Feng Tao: An Essay on Confucian Loyalty," in Wright and Twitchett (1962),123-145.

G. W. Wang (1963)., The Structure of Power in North China During the Five Dynasties (Kuala Lumpur).

M. S. Wang (Ch'ing). Wang Ming-sheng, *Shih-ch'i-shih shang-chüeh* (KYTS).

C. I. Wen (1965). Wen Chung-i, "Review: Ou-yang Hsiu's Academic Achievements and Political Life," *Ssu yü yen (Though and Word)*, 3:511-513.

Wright (1953). Arthur F. Wright, ed., *Studies in Chinese Thought* (Chicago).

Wright (1960). , ed., *The Confucian Persuasion* (Stanford,Calif.).

Wright and Twitchett (1962). Arthur F. Wright and Denis Twitchett,eds., *Confucian Personalities* (Stanford, Calif.).

L. S. Yang (1952). Lien-sheng Yang, *Money and Credit in China: A Short History* (Cambridge, Mass).

L. S. Yang (1957). , "Economic Justification for Spending — An Uncommon Idea in Traditional China," *Harvard Journal of Asiatic Studies*, XX, Nos.36-49.

L. S. Yang (1961). , "The Organization of Chinese Official Historiography," in Beasley and Pulleyblank (1961),44-59.

T. H. Yang (1941). Yang Tien-hsiin, "Chung-kuo chia-p'u t'ung-lun," *T'u-shu chi-k'an, new series*, 3:1-2:9-35, 4:3-4:17-35.

NOTES

译后记

译者最重要的任务是促成读者与作者间清晰又舒适的交流，而最佳的状态是隐形于其间。今天能在后记中"显性"谈谈感想的确是很珍贵的体验。

译者首先是原作的读者。作为读者，一代文宗欧阳修人生的起起落落让我读起来欲罢不能；作为译者，改革家欧阳修的豁达弘毅让我看到这本书深刻的现实意义。这样有趣又有意义的一本书，在翻译过程中带给我很多愉悦和成就感。我相信，无论是在静谧晨昏、悠闲午后，还是在通勤路上的局促中，只要翻开它，你一定会哑然惊叹，又或是会心一笑。

北宋是文化高度发达繁荣的时期，欧阳修是这一时期无可争议的文化巨星。提到欧阳修，大多数人首先想到的是"唐宋八大家"与"醉翁之意不在酒"，但实际上他不仅是文学家与诗人，还是经学大师、史学家、考古学家、政治家与政治理论家。人们对他的仰慕常常局限在文学这一领域，这让他的才华与成就被远远低估。我也是翻译这本书时，才发现"原来你是这样的欧阳修"。他在波谲云诡的仕途道路上始终没有抛弃原则，在推进文学与政治改革的道路上始终没有放弃理想。即使被诋毁、被误解，欧阳修从未放弃做本真的自我。这样的欧阳修比停留在语文课本上的欧阳修生动了许多。提到欧阳修，不应只想到赏析和背诵。在困难彷徨和自我怀疑的时刻，他可以作为一道光照亮我们混沌的思绪。

欧阳修一生乐于交友，并在这一过程中发现了很多堪当大任的青年才俊。"唐宋八大家"中其他五位宋代大师苏洵、苏轼、苏辙、王安石、曾巩的成长都离不开欧阳修的栽培或举荐。有意思的是，王安石最初是在曾巩的介绍下才与欧阳修成为"笔友"，两人时常通过书信交流诗歌与写作心得。欧阳修在1055、1056年连续两年举荐王安石，而那时两人甚至还未曾见面。欧阳修奖掖后学范围之广，有一件事就足以证明。在举荐伟大改革者王安石的同时，欧阳修还举荐了吕夷简的儿子吕公著，此人后来成为坚决反对改革的保守派领袖。看着人才辈出的政坛与文坛，欧阳修终于感到可以心怀满意地退休了。欧阳修对苏轼说："吾老将休，付子斯文。"而苏轼对欧阳修的评价是"欧阳公，天人也……世人或自以为似之，或至以为过之，非狂则愚已"。

这样的"天人"欧阳修的确充满魅力，关于他的书籍也有很多，但以西方历史研究的方法来组织和分析关于欧阳修相关史料的书籍，却少之又少，因此给了这本书非常可贵的独特视角。在很多关于欧阳修的人物叙写中，都有他作为孤寒沙滩画荻的故事。然而本书作者刘子健教授认为，从字面意义上来说，这个故事并不真实。欧阳修是在叔父欧阳晔的庇佑之下长大的，而欧阳晔不仅是进士，还在官府中任职，因此不可能如此贫穷。但从象征意义上来说，这个故事又是真实的，即欧阳修从根本上来说是通过刻苦努力而自学成才的。这种观点无疑是新鲜的，也是对常规、传统的欧阳修传记难得的补充。

有一位朋友曾跟我说过读书的乐趣有两种，一种是在书中读到与自己相似的经历或者感受，乐在共鸣；另一种是在书中读到未曾见过的世界，乐在新知。而阅读与历史相关书籍的乐趣就在于在旧事中获取新知，又在产生共鸣时惊讶地发现，人类的基本情感在以千年为单位的悠长岁月中并没有太大的改变。希望亲爱的读者们在阅读中收获到这两种乐趣。

李思

2021年4月2日于北京